W0214985

KOCHEN MIT

ANDI & ALEX

Frisch gekocht mit
ANDI & ALEX

UNTERSCHIEDLICHER könnten die grundsätzlichen Ausgangspunkte für das bislang erfolgreichste Kochduo im österreichischen Fernsehen nicht sein. Der eine kocht im Tiroler Hochfügen in einem Luxusrestaurant auf 1.500 Meter Seehöhe, der andere im Souterrain-Lokal der Kantine des Unterrichtsministeriums am Wiener Minoritenplatz. Alexander Fankhauser und Andreas Wojta haben mit der Sendung „Frisch gekocht mit Andi und Alex" werktags zur Mittagszeit oft bis zu 200.000 Zuseher.

Das Konzept dahinter ist genial und bestechend einfach zugleich. Andi und Alex präsentieren ihre Rezepte mit viel Temperament und Witz. Ihre Ungekünsteltheit ist einzigartig. Die beiden müssen sich keinen Schmäh überlegen, sie haben ihn ganz einfach. Dabei steckt hinter all dem natürlich echte Knochenarbeit. Pro Aufzeichnungstag werden fünf Sendungen in den Interspot-Studios in Wien gedreht. Dafür erforderlich sind zündende Rezeptideen, die von den beiden schon lange vorher kommen müssen, damit die rund 30 Personen umfassende Crew alles entsprechend vorbereiten kann.

ECKART WITZIGMANN UND REINHARD GERER WAREN UNS GROSSARTIGE LEHRMEISTER, DENEN WIR SEHR VIEL ZU VERDANKEN HABEN. KOCHEN IST FÜR UNS – AUCH IM FERNSEHSTUDIO – EINE EHRLICHE HERZENSSACHE.

In der Vorküche des Studios werden besonders aufwendige Speisen vorgekocht, werden wie in einer professionellen Restaurantküche stundenlang Fonds und Saucen geköchelt. Zum Team gehören natürlich auch Kostümbildner, Visagisten, Tontechniker, Beleuchter, Requisiteure, Kabelträger, Kameraleute und Regisseure. Die Arbeitsabläufe erfolgen längst schon nach einer eingespielten Choreografie, die trotzdem nie langweilige Routine aufkommen lässt.

Grundsätzlich werden alle Gerichte vor der Kamera in Echtzeit hergestellt. Nur Speisen, die länger im Rohr sein müssen, oder etwa Desserts, die gefroren werden, kommen klarerweise aus der Vorküche. Die Präferenz des Publikums kennen

DIE CHEMIE STIMMT. Andi und Alex haben sowohl privat wie auch bei den Dreharbeiten jede Menge Spaß. Da macht auch dem Team die Arbeit mehr Freude.

die beiden schon längst. Verfeinerte österreichische Hausmannskost muss es sein. Gut, dass diese auch den beiden Köchen am meisten am Herzen liegt.
Die Idee, den kernigen Tiroler und den Wiener Schmähführer gemeinsam vor der Kamera auftreten zu lassen, hatte Interspot-Filmproduzent Rudolf „Purzl" Klingohr. Er war es auch, der 1999 Österreichs erste Kochshow „Frisch gekocht ist halb gewonnen" initiiert hat. Schon davor war Klingohr Gourmetküche ein echtes Anliegen. So produzierte er in den 90er Jahren, lange vor dem heute gelebten Kochhype, unter dem Titel „Einfach köstlich, köstlich einfach" Kaufvideos mit heimischen Topköchen, die für die damaligen Verhältnisse erstaunlich offen ihre Küchengeheimnisse preisgaben.
Das Bemerkenswerte am Erfolg von Andi und Alex ist, dass die beiden erst durch die Zusammenarbeit vor der Kamera zu einem so kongenialen Duo wurden. Zwar haben beide mit Spitzenkoch Reinhard Gerer ihren wichtigsten Lehrmeister, aber sonst war im „normalen Leben" allein schon die kilometermäßige Entfernung zwischen Wien und Tirol einer engen Freundschaft abträglich. Dafür stimmt nun die Chemie zwischen den beiden umso mehr und so meinen sie unisono, „dass wir zwar grundverschieden, aber im Inneren doch gleich sind. Und vor allem: Wir sind privat genauso wie in der Fernsehküche."

Alexander Fankhauser

Alexander Fankhauser, geboren 1974. Nach der Matura Praxis u. a. im Hotel Hyde Park in London, Restaurant „Spago" bei Wolfgang Puck in Los Angeles und vor allem im Restaurant „Korso" im Hotel Bristol bei Spitzenkoch Reinhard Gerer. 1999 Rückkehr in den elterlichen Betrieb, das Hotel Lamark in Hochfügen. Auszeichnungen: Koch des Jahres 2005, 1 Michelin-Stern, 3 Hauben und 18 Punkte bei Gault Millau, 4 Sterne und 91 Punkte bei A la Carte.

Hotel Lamark, Restaurant „Alexander"
6263 Hochfügen 5, Tel.: 05280/225
www.lamark.at

Andreas Wojta

Andreas Wojta, geboren 1971 in Wien. Von 1989 bis 1993 werkte Wojta im Restaurant „Korso" bei Reinhard Gerer, danach bis 1995 Engagement bei Eckart Witzigmann im Restaurant „Aubergine" in München. Seit 1995 betreibt Andreas Wojta selbstständig das „Minoritenstüberl", die Kantine des Unterrichtsministeriums.

„Minoritenstüberl"
Minoritenplatz 5, 1010 Wien
Tel.: 01/533 52 81 (geöffnet nur werktags 11.30–13.30 Uhr)

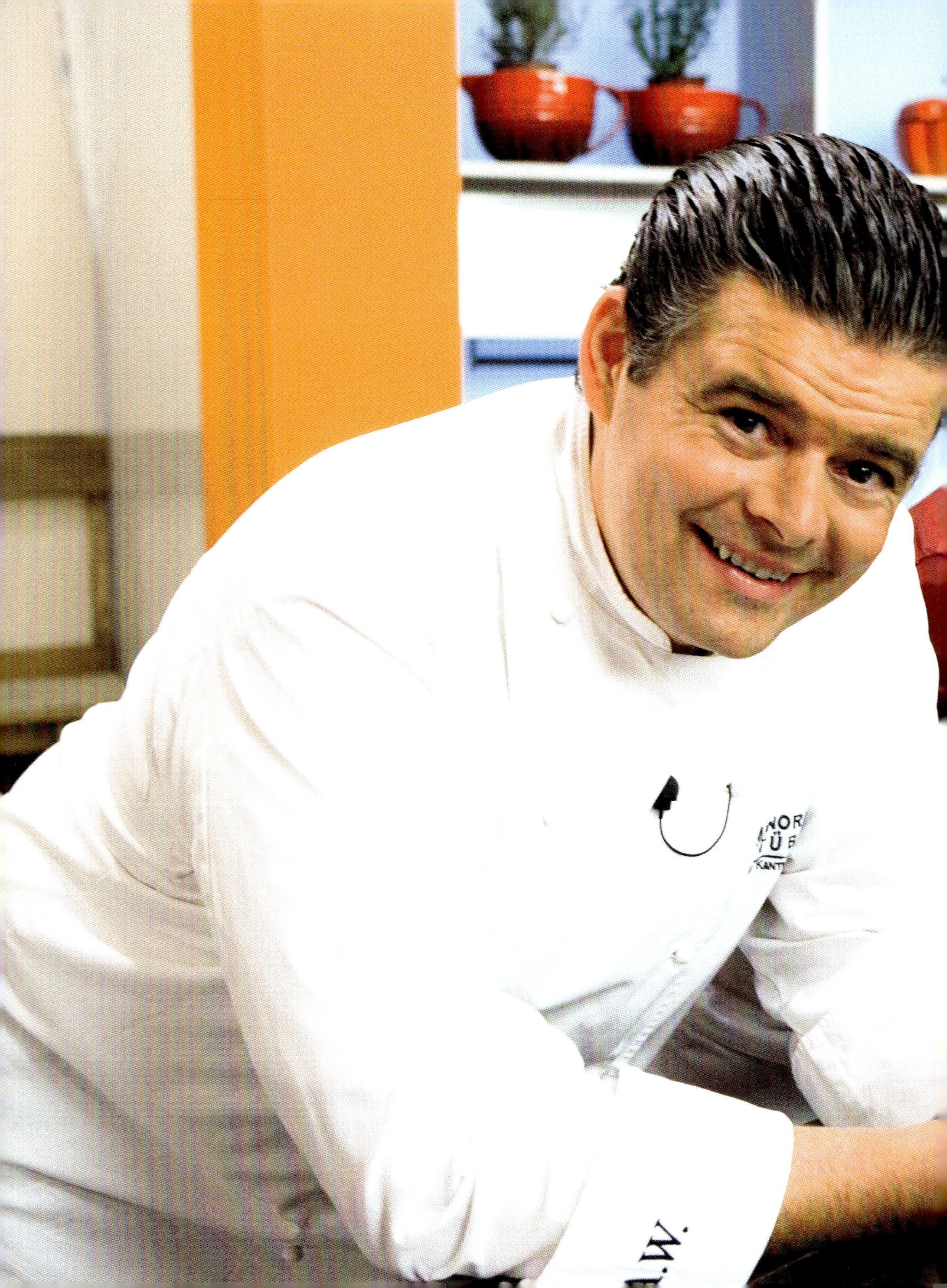

VORSPEISEN

Ein Beispiel dafür, wie Fusionsküche trotz aller Unkenrufe nicht in Konfusion enden muss. Der Räucherlachs verleiht den Gnocchi gemeinsam mit dem Ingwer ungeahnte Würze.

ZUTATEN FÜR 4 PERSONEN

1 Zwiebel
1 Knoblauchzehe
Öl
300 g gekochte Brokkoliröschen
ca. 500 ml Suppe
125 g Crème fraîche

Für die Ingwer-Lachs-Gnocchi:
150 g Räucherlachs
500 g Erdäpfel (gekocht und gepresst)
125 g Erdäpfelstärkemehl
3 EL Grieß
1 EL gehackter Ingwer
Salz

Außerdem:
1 Hand voll Sojasprossen
1 EL Sesamöl
1 EL Sojasauce

1 Zwiebel und Knoblauch schälen und klein schneiden und im erhitzten Öl kurz durchschwenken. Zerkleinerte Brokkoliröschen zufügen und kurz mitrösten, mit Suppe aufgießen und weich dünsten. Crème fraîche einrühren und im Standmixer cremig pürieren.

2 Für die Gnocchi Räucherlachs klein schneiden und mit Erdäpfeln, Erdäpfelstärkemehl und Grieß vermengen, mit Salz sowie Ingwer abschmecken. Zu kleinen Gnocchi formen. In Salzwasser 2–3 Minuten kochen lassen, mit einem gelochten Schöpfer aus dem Wasser heben und in der Brokkolicremesuppe servieren.

3 Sojasprossen in Sesamöl anschwenken und mit Sojasauce abschmecken, die Suppe damit garnieren.

TIPP VON ANDI

Um die Farbe des Brokkoli strahlend grün zu bewahren, können Sie die Röschen vor der eigentlichen Zubereitung auch noch zusätzlich kurz in Salzwasser blanchieren.

Ingwer-Lachs-Gnocchi
mit gebratenen Sojasprossen und Brokkolicreme

Rezept von Andreas Wojta

30 MINUTEN / LEICHT

Beinschinken
mit Eier-, Essig- und Senfkren
Rezept von Andreas Wojta

25 MINUTEN / LEICHT

Die Abwandlung des typischen Osterklassikers, der hier zur Abwechslung einmal nicht mit herkömmlichem Senf und Kren serviert wird.

ZUTATEN FÜR 4 PERSONEN
ca. 600 g Beinschinken (aufgeschnitten)

Für den Eierkren:
4 Eier (gekocht)
4 EL Mayonnaise
1 Spritzer Essig
etwas Zucker
frisch geriebener Kren
1 kleiner Bund Schnittlauch
Salz, Pfeffer

Für den Essigkren:
1 Knoblauchzehe
1 roter Paprika
1 gelber Paprika
60 ml Tafelessig
1 Prise Zucker
125 ml Kürbiskernöl
2 EL gehackte Petersilie
frisch geriebener Kren
Salz, Pfeffer

Für den Senfkren:
2 rote Zwiebeln
4 EL scharfer Senf
1 TL Zucker
1 TL Curry
frisch geriebener Kren

1 Für den Eierkren gekochte Eier schälen, klein hacken oder mit einer Küchenmaschine fein pürieren. Eier mit Mayonnaise vermengen, mit Salz, Pfeffer, Essig und Zucker abschmecken. Anschließend reichlich frisch geriebenen Kren zufügen und mit frisch geschnittenem Schnittlauch zum Beinschinken servieren.

2 Für den Essigkren Knoblauch schälen und klein schneiden. Paprika waschen, Kerngehäuse entfernen, in kleine Würfel schneiden. In einem Schneekessel Essig mit Salz, Zucker und Pfeffer vermengen, das Kernöl langsam einfließen lassen und mit Hilfe eines Schneebesens cremig aufschlagen. Knoblauch, Paprikawürfel, Petersilie und frisch geriebenen Kren beimengen und zum Beinschinken servieren.

3 Für den Senfkren Zwiebeln schälen und klein schneiden. Zwiebeln mit Senf, Zucker und Curry vermengen, reichlich frisch geriebenen Kren zufügen und zum Beinschinken servieren.

TIPP VON ANDI
Beinschinken in Klarsichtfolie im Kühlschrank lagern. So bleibt er am längsten saftig. Die letzten Reste des Schinkens machen Schinkenfleckerl zu einem Festtagsschmaus.

Blutwurstmaki mit Apfelkren

Rezept von Alexander Fankhauser

40 MINUTEN / AUFWENDIG

Die Wiener Version der traditionellen japanischen Maki, kreiert von unserem Freund und Lehrmeister Reinhard Gerer.

ZUTATEN FÜR 4 PERSONEN

6 Blätter Sarmakraut
Pfefferkörner
10 Wacholderbeeren
2 Lorbeerblätter
5 speckige Erdäpfel
1 EL Öl
1 Zwiebel
Majoran
Kümmel (ganz)
250 g Blutwurst
frischer Kren
Salz, Pfeffer

Für den Apfelkren:

3 Granny Smith
1 Zitrone
Zucker
frischer Kren

1 Sarmakrautblätter in einem Fond aus Wasser, Salz, Pfefferkörnern, Wacholderbeeren und Lorbeerblättern bissfest kochen, danach trocken tupfen.

2 Die Erdäpfel mit der Schale in Salzwasser fast gar kochen, danach auskühlen lassen und schälen. Erdäpfel mit einem groben Reibeisen reiben.

3 In einer Pfanne Öl erhitzen, gehackte Zwiebel darin kurz anrösten und die geriebenen Erdäpfel dazugeben, goldbraun braten. Mit Salz, Pfeffer, Majoran und Kümmel gut abschmecken.

4 Die Blutwurst in 1 cm dicke Streifen schneiden und etwas frischen Kren darüberreiben. Die trockenen Krautblätter auf eine Folie legen. Die Rösterdäpfel darauf verteilen, dann die Blutwurststücke darauflegen. Wie eine Roulade einrollen, im Kühlschrank ca. 20 Minuten ziehen lassen.

5 Für den Apfelkren die Äpfel schälen. Den Saft einer Zitrone in einem kleinen Topf erhitzen und die Äpfel mit einer feinen Reibe dazureiben. Einmal aufkochen lassen und mit etwas Zucker abschmecken. Ebenfalls auskühlen lassen und mit geriebenem Kren vermischen.

6 Die Roulade (bzw. Maki) in mundgroße Stücke teilen. Apfelkren darauf anrichten und servieren.

TIPP VON ALEX

Die Blutwurstmaki kann man wunderbar vorbereiten und in einer mehrgängigen Menüfolge ohne großen Aufwand servieren. Bei der Zubereitung des Apfelkrens darauf achten, dass die geriebenen Äpfel mit genügend Säure versehen sind.

Ein herrliches vegetarisches Gericht, das einfach in der Zubereitung ist und dazu auch noch im Sinne der aktuell so favorisierten Saisonküche einzuordnen ist.

Erdäpfelauflauf mit Rahmkohlrabi

Rezept von Andreas Wojta

35 MINUTEN / AUFWENDIG

ZUTATEN FÜR 4 PERSONEN

200 g gekochte
und passierte Erdäpfel
30 g Butter
4 cl Obers
2 Eier
80 g geriebener Parmesan
Butter für die Formen
Salz, Pfeffer

Für den Rahmkohlrabi:

3 Kohlrabi
Suppenpulver
125 ml Obers
etwas Mehl
Salz

1 Die noch warmen Erdäpfel mit handwarmer Butter und Obers vermengen. Die Eier trennen, Eidotter und Parmesan in die Erdäpfelmasse einrühren, mit Salz und Pfeffer würzen. Eiklar steif schlagen und unter die Erdäpfel-Käse-Masse heben. Passende Auflaufförmchen mit Butter ausschmieren, Masse einfüllen und im vorgeheizten Backrohr bei 180 °C 25 Minuten backen.

2 Für den Rahmkohlrabi Kohlrabi schälen, holzige Stellen wegschneiden. Kohlrabi auf einer Erdäpfelreibe fein reißen. Etwas Wasser mit Suppenpulver in einem Topf aufkochen lassen, gerissenen Kohlrabi zufügen und ca. 10 Minuten leicht köcheln lassen. Obers mit etwas Mehl verrühren, dem Kohlrabi beigeben, nochmals kurz aufkochen lassen. Mit Salz abschmecken.

TIPP VON ANDI

Noch flaumiger wird der Erdäpfelauflauf, wenn Sie eine Prise Erdäpfelstärkemehl unter die Masse heben. Als Variante können Sie der Masse auch noch angebratene Bauchspeckstreifen und etwas getrockneten Majoran beifügen.

Hausgemachte Rostbratwürstel mit Sauerkraut

Rezept von Alexander Fankhauser

3 STUNDEN / FÜR EHRGEIZIGE

Die Bezeichnung „Bratwurst“ leitet sich nicht von „braten“ ab, sondern von der Herstellungsart der Wurst: „Brät“ ist die Bezeichnung für klein gehacktes Fleisch.

ZUTATEN FÜR 4 PERSONEN

25 g Wurstdarm (beim guten Fleischhauer erhältlich)
375 g entbeinte Schweinsschulter
375 g Bauchfleisch
250 g geräucherter Speck
4 Knoblauchzehen
4 EL frischer Salbei
1 EL schwarze Pfefferkörner
1/2 TL Muskatnuss (frisch gerieben)
2 TL Salz
Senf zum Anrichten

Für das Sauerkraut:

20 g Butter
2 Zwiebeln
1 Prise Zucker
400 g Sauerkraut
1 Speckschwarte
10 Wacholderbeeren
1 Lorbeerblatt
1 EL Stärkemehl
Salz, Pfeffer

1 Den Wurstdarm in einer Schüssel mit kaltem Wasser 2 Stunden einweichen. Unter kaltem fließenden Wasser gründlich abspülen und mit Küchenpapier abtrocknen.

2 Schweinsschulter, Bauchfleisch und Speck nacheinander in der Küchenmaschine grob zerkleinern oder mit einem scharfen Messer sehr fein hacken. Knoblauch und Salbei hacken und mit zerstoßenen Pfefferkörnern, Muskat und Salz mit dem Fleisch vermengen.

3 Die Wurstmasse in einen Spritzbeutel mit großer glatter Tüllenöffnung geben. Den Darm auf die Tülle stecken und mit einer Hand festhalten. Die Masse hineinpressen, den Darm in Würstelabständen mehrfach um die Achse drehen, sodass 12 aneinanderhängende Würstel entstehen, und an den Enden zubinden.

4 Grill anheizen. Die Würstel einzeln über heißer Glut etwa 10 Minuten grillen und häufig wenden, bis sie dunkelgoldbraun und richtig durchgebraten sind. Mit Senf und Sauerkraut servieren.

5 Für das Sauerkraut Butter in einem Topf aufschäumen. In Streifen geschnittene Zwiebel beigeben. Zucker zugeben und karamellisieren lassen. Sauerkraut und Speckschwarte beigeben und mit 1 Liter Wasser auffüllen. Mit Salz, Pfeffer, Wacholderbeeren und dem Lorbeerblatt gut abschmecken und das Kraut weich dünsten. Stärkemehl mit etwas Wasser verrühren und das Kraut damit etwas binden.

TIPP VON ALEX

Beim Befüllen des Darms darauf achten, dass die Würste nicht zu prall gefüllt sind, weil sich das Brät beim Braten noch etwas ausdehnt und die Würste unweigerlich aufspringen würden. Um das Aufplatzen der Würste beim Braten zu verhindern, können Sie die Würste zur Sicherheit mit einer Nadel einige Male einstechen.

Blutwurst mit herbstlichen Früchten und Weißbiersabayon

Rezept von Alexander Fankhauser

30 MINUTEN / AUFWENDIG

Früher wurde Blutwurst ausschließlich in der kalten Jahreszeit hergestellt. So ergab sich die Kombination mit herbstlichen Früchten und Maroni.

ZUTATEN FÜR 4–6 PERSONEN

6 feste Birnen
6 kleine Äpfel
3 Quitten
100 g frisches Bauchfett (oder Schmalz bzw. Öl)
2 Prisen Zimt
800 g Blutwurst
100 g Maroni (aus dem Vakuumpack oder aus der Dose)
2 EL Zucker
2 EL Calvados
Salz, Pfeffer

Für das Weißbiersabayon:

125 ml dunkles Weißbier
2 Eidotter
Cayennepfeffer
Salz, Pfeffer

1 Die Birnen schälen. Die Äpfel halbieren und entkernen. Das Kerngehäuse der Quitten mit einem Ausstecher entfernen. Die Früchte nach Belieben in Stücke schneiden.

2 In einer Pfanne die Hälfte des Bauchfetts auf kleiner Hitze auslassen. Die geschnittenen Quitten zugeben und von jeder Seite etwa 10 Minuten sanft garen, bis sie Farbe angenommen haben. Die Birnen mit dem Zimt bestreuen und zu den Quitten in die Pfanne geben, dann die Äpfel hinzufügen.

3 In einer zweiten Pfanne die Blutwurst mit dem restlichen Fett erhitzen und warm stellen. Sobald die Früchte weich werden, die Maroni und den Zucker zugeben und karamellisieren lassen. Mit dem Calvados flambieren, mit Salz und Pfeffer abschmecken.

4 Für das Sabayon Bier und Eidotter über Wasserdampf schaumig schlagen. Mit Salz, Pfeffer und etwas Cayennepfeffer abschmecken und dekorativ zur Blutwurst und den Früchten anrichten.

TIPP VON ALEX

Das klassische Sabayon wird mit Weißwein aufgeschlagen. Wie man sieht, ist aber auch Bier eine mehr als fähige Variante. Kontrollieren Sie während des Aufschlagens immer wieder die Temperatur und heben Sie, wenn nötig, den Schneekessel vom Wasserdampf weg.

Gemüsesalat
mit knusprigem Frischkäseröllchen
Rezept von Alexander Fankhauser

30 MINUTEN (OHNE KÜHLZEIT) / AUFWENDIG

Frühlingsrollenteig wird aus Mehl, Wasser und Öl hergestellt und tiefgefroren in vielen verschiedenen Größen im Asia-Laden angeboten. Er schmeckt frittiert am besten, lässt sich aber auch zum Einwickeln von z. B. Fisch und gedünstetem Gemüse verwenden und im Backofen knusprig backen.

ZUTATEN FÜR 4 PERSONEN

250 g gekochte Erdäpfel
1 Apfel
3 Essiggurkerl
2 Knoblauchzehen
150 g Crème fraîche
etwas Öl
1 TL Senf
250 g Joghurt
500 g TK-Mischgemüse (bissfest in Salzwasser gegart)
1 Spritzer Zitronensaft
Salz, Pfeffer

Für die Frischkäseröllchen:
80 g Ziegenfrischkäse
1 EL Parmesan
2 Eidotter
1 EL Weißbrotbrösel
Muskatnuss
2 EL Paradeiserwürfel
einige Blätter Basilikum
4 Blätter Frühlingsrollenteig
1 Eiklar
Öl zum Frittieren
Salz, Pfeffer

1 Erdäpfel, Apfel und Essiggurkerl kleinwürfelig schneiden, Knoblauch fein hacken. Crème fraîche glatt rühren, Öl, Senf, Salz und Pfeffer zugeben und mit dem Joghurt cremig rühren. Die Creme mit Erdäpfeln, Apfel, Essiggurkerl, Knoblauch, dem gegarten und abgekühlten Mischgemüse sowie Zitronensaft gut vermischen. Im Kühlschrank 2–3 Stunden gut durchkühlen lassen.

2 Ziegenfrischkäse mit Parmesan, Dotter, Bröseln, Salz, Pfeffer und Muskatnuss verrühren. Paradeiserwürfel und frisch geschnittenes Basilikum beigeben, in die Frühlingsrollenblätter einrollen. Mit Eiklar bestreichen und in reichlich Öl schwimmend frittieren. Mit dem Gemüsesalat servieren.

TIPP VON ALEX

Statt die Frischkäseröllchen schwimmend in viel Öl auszubacken, kann man sie auch mit ganz wenig Fett in einer Pfanne braten. Dadurch erhalten Sie eine schöne goldgelbe Farbe und sparen dabei auch noch Fett.

Graukassuppe im Vintschgerl mit Feigensenf

Rezept von Alexander Fankhauser

30 MINUTEN / AUFWENDIG

Graukäse ist ein säuerlich, manchmal auch schon scharfer Käse aus Tirol, dessen Ausgangsmaterial magere Kuhmilch ist. Bei seiner Reifung entwickelt er einen graugrünen Schimmelpilz, daher auch der Name. Graukäse hat nur einen ganz geringen Fettgehalt: maximal 2 Prozent in der Trockenmasse.

ZUTATEN FÜR 4 PERSONEN

4 Vintschgerln
2 EL Butter
2 Schalotten
1 Schuss Weißwein
250 ml Rindsuppe
250 ml Obers
150 g Graukäse
Salz, Pfeffer

Für den Feigensenf:

125 ml Portwein
8 reife Feigen
2 EL Gelierzucker
1 EL süßer Senf
1 Schuss Zitronensaft
Salz, Pfeffer

1 Von den Vintschgerln die Deckel abschneiden und beiseitestellen. Brote aushöhlen und das Brotinnere würfelig schneiden.

2 Für die Suppe Butter in einem Topf aufschäumen, geschälte und geschnittene Schalotten darin glasig dünsten, mit dem Weißwein ablöschen. Rindsuppe zugießen und ca. 5 Minuten köcheln lassen. Mit Obers aufgießen, aufkochen lassen und geriebenen Graukäse dazugeben. Nochmals 8 Minuten kochen lassen, mit einem Stabmixer fein pürieren, mit Salz und Pfeffer abschmecken.

3 Die Brotwürfel in aufschäumender Butter knusprig braten.

4 Für den Feigensenf den Portwein in einem Topf aufkochen. Die Feigen schälen, klein schneiden und darin verkochen. Gelierzucker und süßen Senf beigeben, mit Zitronensaft, Salz und Pfeffer abschmecken.

5 Vor dem Anrichten die ausgehöhlten Vintschgerln sowie die Deckel im Rohr erwärmen. Den Graukäseschaum in die ausgehöhlten Brote gießen. Mit den Brotdeckeln abdecken und mit dem Feigensenf servieren. Mit den Brotwürfeln bestreuen.

TIPP VON ALEX

Wenn Ihnen der Geschmack des Graukäses zu intensiv sein sollte, können Sie auch auf Käsesorten wie Tilsiter, Parmesan oder jungen Bergkäse zurückgreifen.

Hendlbrust im Strudelblatt auf Bärlauchparadeisern

Rezept von Andreas Wojta

25 MINUTEN / LEICHT

Ein feines Gericht für die Bärlauchsaison. Statt Bärlauch kann man auch Blattspinat verwenden und mit der Zugabe von würfelig geschnittenem Feta-Käse für mehr Würze sorgen.

ZUTATEN FÜR 4 PERSONEN

300 g Hühnerbrustfleisch
Butter zum Anbraten
500 g Bärlauch
1 Pkg. Strudelteig
1 Ei
4 EL Parmesan
Öl zum Frittieren
4 Paradeiser
4 EL Olivenöl
2 EL Balsamico
Zucker
Salz, Pfeffer

1 Hühnerbrüste in gleichmäßig längliche Streifen schneiden und in aufschäumender Butter rundum kurz anbraten, mit Salz und Pfeffer würzen.

2 Drei Viertel des Bärlauchs blanchieren, kalt abschrecken, gut ausdrücken und auf Küchenpapier abtropfen lassen. Strudelteig auflegen, in gleichmäßige Quadrate schneiden und mit versprudeltem Ei bestreichen. Mit den Bärlauchblättern belegen, mit Parmesan bestreuen und das Hühnerfleisch darauflegen. Einrollen, nochmals mit Ei bestreichen und in heißem Fett schwimmend goldbraun frittieren.

3 Paradeiser blanchieren, danach kalt abschrecken. Haut abziehen und Kerne entfernen. Fruchtfleisch in gleichmäßige Würfel schneiden, mit Olivenöl, Balsamico, Zucker, Salz und Pfeffer marinieren. Restlichen Bärlauch fein schneiden, unter die Paradeiserwürfel heben und mit der Hendlbrust servieren.

TIPP VON ANDI

Wichtig beim Frittieren ist die richtige Hitze des Öls, weil bei zu geringer Temperatur der Strudel das Fett aufsaugt statt knusprig zu werden. Die richtige Temperatur erkennen Sie z. B. mit folgender Probe: Stiel eines Holzkochlöffels ins Öl tauchen. Wenn kleine Blasen an die Oberfläche steigen, passt die Hitze.

Erfunden hat das Original-Carpaccio aus hauchdünnem Rinderfilet der legendäre Giuseppe Cipriani in der ebenso legendären „Harry's Bar" in Venedig. Mittlerweile ist die Bezeichnung Carpaccio zum Synonym für alle nur erdenklichen hauchdünnen Genüsse geworden.

Kalbscarpaccio mit Spinatknödel

Rezept von Alexander Fankhauser

30 MINUTEN / AUFWENDIG

ZUTATEN FÜR 4 PERSONEN
240 g Kalbsfilet (zugeputzt)
4 altbackene Semmeln
1 kleine Zwiebel
6 EL Butter
125 ml Milch
1 Hand voll frischer Blattspinat
1 Ei
2 Eidotter
etwas Knoblauch
Muskatnuss
1 EL Olivenöl
2 EL Balsamico (ca. 3 Jahre alt)
Salz, Pfeffer

1 Das Kalbsfilet in Form bringen, fest in Frischhaltefolie einschlagen und in den Tiefkühler legen. Die Semmeln in 1 cm große Würfel schneiden. Zwiebel schälen und fein schneiden, in 2 EL Butter glasig anschwitzen. Mit der Milch aufgießen und kurz aufkochen lassen. In der Zwischenzeit den geputzten Blattspinat etwas hacken und gemeinsam mit gehacktem Knoblauch in 2 EL brauner Butter in sich zusammenfallen lassen, mit Salz, Pfeffer, Muskatnuss würzen.

2 Die etwas abgekühlte Milch abschmecken und über die Semmelwürfel gießen. Den Blattspinat, Ei und Dotter beigeben, gut verkneten, bis die Masse grün wird. Daraus kleine Knödel formen und diese in reichlich Salzwasser kurz sieden lassen.

3 Das Kalbsfilet aus der Tiefkühltruhe nehmen und mit der Aufschnittmaschine dünn schneiden. Auf Tellern anrichten, salzen und pfeffern, mit Olivenöl und Balsamico marinieren.

4 Die Spinatknödel in 2 EL brauner Butter schwenken und mittig auf dem Kalbscarpaccio anrichten.

TIPP VON ALEX
Durch das Anfrieren des Fleischstücks lässt es sich leicht und bequem hauchdünn schneiden. Sollten Sie es lieber auf „normale Weise" versuchen wollen, müssen Sie das Fleisch einen Tag zuvor in ein sauberes Küchentuch wickeln. Dieses Prozedere entzieht dem Fleisch einen Teil der enthaltenen Flüssigkeit.

Kräuterdalken mit Schnittlauchrahm

Rezept von Andreas Wojta

25 MINUTEN / LEICHT

Im Sommer kann man den Dalken durch die Beigabe von Basilikum und Thymian eine herrlich duftende mediterrane Note geben. Und wenn man dann auch noch Schmelzparadeiser serviert …

ZUTATEN FÜR 4 PERSONEN

1 Zwiebel
2 Knoblauchzehen
2 Scheiben Bauchspeck
Öl zum Backen
2 Eier
125 ml lauwarme Milch
1 Pkg. Trockengerm
1 Prise Zucker
150 g glattes Mehl
2 EL gehackter Liebstöckel
1 EL gehackte Petersilie
Salz

Für den Schnittlauchrahm:
4 EL Sauerrahm
2 EL frisch geschnittener Schnittlauch
1 Knoblauchzehe
Salz, Pfeffer

1 Zwiebel und Knoblauch schälen, klein schneiden. Speck ebenfalls in kleine Würfel schneiden. Alles gemeinsam in heißem Öl goldbraun anrösten.

2 Eier trennen. Dotter mit Milch, Germ, Zucker, Mehl, Liebstöckel, Petersilie sowie der gerösteten Speck-Zwiebel-Knoblauch-Mischung vermengen und kurz rasten lassen. Eiklar steif aufschlagen und unterheben, Masse mit Salz abschmecken. In einer beschichteten Pfanne Öl erhitzen, Ringformen einlegen, in diese den Teig gießen und pro Person zwei bis drei Dalken knusprig backen.

3 Für den Schnittlauchrahm Sauerrahm glatt rühren, Schnittlauch und gepressten Knoblauch zufügen und mit Salz und Pfeffer abschmecken. Zu den Dalken servieren.

TIPP VON ANDI

Geben Sie zur Masse eine Prise Backpulver dazu. Die Dalken soufflieren dann luftig-leicht. Verwenden Sie für das Backen entweder eine spezielle Dalkenpfanne oder zumindest eine geräumige Pfanne mit Antihaftbeschichtung.

Nudelblatt mit Thunfisch-Paradeiser-Oliven-Ragout

Rezept von Alexander Fankhauser

30 MINUTEN / LEICHT

Wenn Sie fertigen Nudelteig nehmen, ist das ein superschnelles und zugleich ansehnliches Gericht für die ganze Familie.

ZUTATEN FÜR 4 PERSONEN

ca. 100 g Nudelteig
etwas Butter
$^{1}/_{4}$ Zwiebel
(oder 1 Schalotte)
1 Schuss Olivenöl
250 g Kirschparadeiser
2 EL Oliven
4 Zweige Thymian
2 Zweige Rosmarin
200 g Thunfisch aus der Dose
1 Knoblauchzehe
Salz, Pfeffer

Für den Nudelteig:
8 Eidotter
250 g griffiges Mehl
(oder Nudelmehl)
1 Ei

1 Für den Nudelteig alle Zutaten zu einem geschmeidigen Teig verarbeiten, 30 Minuten rasten lassen.

2 Den Nudelteig mit Hilfe einer Nudelmaschine in Blätter im Format 10 x 10 cm ausrollen und in kochendem Salzwasser 20–30 Sekunden blanchieren. Danach die Blätter durch etwas flüssige Butter ziehen und mit Salz abschmecken.

3 Zwiebel fein schneiden, in Olivenöl farblos anschwitzen. Paradeiser halbieren und gemeinsam mit dem gehackten Knoblauch anschwitzen. Oliven vierteln, ebenfalls zugeben, mit Salz, Pfeffer, Thymian und Rosmarin abschmecken, nochmals durchschwenken. Zum Thunfisch zugeben. Das Ragout auf dem Nudelblatt servieren.

TIPP VON ALEX

Basilikum sollte stets mit einem sehr scharfen Messer geschnitten und nicht etwa gehackt werden. In Italien wird Basilikum gerne mit den Fingern zerrissen und über das fertige Gericht gestreut.

Überbackener Nudel-Kraut-Auflauf

Rezept von Andreas Wojta

40 MINUTEN / LEICHT

Eine Alternative zu den klassischen Krautfleckerln. Eignet sich perfekt für die Bewirtung größerer Runden, weil man das Gericht gut vorbereiten und auch umkompliziert anrichten kann.

ZUTATEN FÜR 4 PERSONEN

1 Kopf Weißkraut
2 Zwiebeln
Schweineschmalz
1 TL Zucker
1 Spritzer Essig
1 Msp. Kümmel
500 ml Obers
8 Eier
ca. 15 Lasagneblätter
10 dünne Scheiben Bauchspeck
Salz, Pfeffer

1 Weißkrautkopf halbieren, den Strunk herausschneiden. Kraut in 2 cm große Quadrate schneiden. Zwiebel schälen und fein schneiden. Schmalz erhitzen, die Zwiebeln darin hellbraun anrösten. Zucker beigeben und kurz durchschwenken. Nun das geschnittene Kraut zufügen und unter ständigem Rühren eine schöne braune Farbe nehmen lassen. Mit Salz, Pfeffer, Essig und Kümmel abschmecken.

2 Obers mit Eiern verquirlen. In einer großen Auflaufform schichtweise Kraut und Lasagneblätter einlegen, mit der Obers-Ei-Mischung übergießen. Im vorgeheizten Backrohr bei 175 °C Heißluft 20–25 Minuten goldgelb backen.

3 Speckscheiben in einer beschichteten Pfanne beidseitig knusprig braten. Auflauf aus dem Rohr nehmen, kurz rasten lassen und mit den knusprigen Speckscheiben servieren.

TIPP VON ANDI

Ich mische gerne auch etwas edelsüßes Paprikapulver in die Krautmasse: Das gibt den speziellen pannonischen Touch. Wer es ganz gehaltvoll will, kann auch noch gebratene Debreziner dazu servieren.

Quiche Lorraine auf Schinkenschaum

Rezept von Alexander Fankhauser

50 MINUTEN / AUFWENDIG

Die Bezeichnung „Quiche“ stammt vom deutschen Wort Kuchen („kiche“). Die wohl bekannteste Quiche ist die aus dem französischen Lothringen stammende „Quiche Lorraine“. Sie wurde ursprünglich aus Brotteig hergestellt, der Belag bestand aus geräuchertem Speck und einem Guss aus Eiern und Sauerrahm.

ZUTATEN FÜR 4 PERSONEN

Für den Schinkenschaum:
1 kleine Zwiebel
1 EL Butter
200 g Schinken
125 ml Fond/Rindsuppe
250 ml Obers
Salz, Pfeffer

Für die Quiche:
1 Stange Lauch
1 Zwiebel
120 g Bauchspeck
500 g Linsen zum „Blindbacken“
1 Pkg. Blätterteig
Butter für die Form

Für den Guss:
60 ml Rindsuppe
120 Obers
3 Eier
Muskatnuss
Salz, Pfeffer

1 Für den Schinkenschaum Zwiebel würfelig schneiden und in Butter andünsten. Würfelig geschnittenen Schinken zugeben und kurz anschwitzen lassen. Mit Fond aufgießen und einkochen lassen. Mit Obers auffüllen, abermals reduzieren und abschmecken. Sorgfältig mixen und durch ein feines Sieb passieren.

2 Für die Quiche den Lauch waschen, in dünne Streifen schneiden. Zwiebel ebenfalls in dünne Streifen schneiden und beides glasig anschwitzen. In Streifen geschnittenen Bauchspeck zugeben und kurz mitrösten. Die Masse abkühlen lassen.

3 Den Blätterteig ausrollen und in eine gebutterte Form mit hohem Rand legen. Die Linsen darauflegen und in 10–15 Minuten im Rohr bei 180 °C blind backen. Anschließend die Linsen vom Blätterteig nehmen und die Lauch-Zwiebel-Speck-Masse auftragen.

4 Für den Guss (Royal) Rindsuppe, Obers, Eier, Salz, Pfeffer und geriebene Muskatnuss mit dem Schneebesen verschlagen. Über die Lauch-Zwiebel-Speck-Masse gießen, bis diese komplett bedeckt ist. Die Quiche im Rohr bei 180 °C weitere 20 Minuten backen.

TIPP VON ALEX
Die Fülle können Sie ganz nach persönlichem Geschmack und Marktlage variieren. Gut passen auch Zucchini, Paprika oder Beinschinken.

Gefüllte Feige mit Blauschimmelkäse im Speckmantel

Rezept von Andreas Wojta

15 MINUTEN / LEICHT

Statt Feigen, die ja hierzulande nicht immer marktfrisch erhältlich sind, kann man dieses Gericht auch mit Dörrzwetschken zubereiten.

TIPP VON ANDI
Eine elegante Variante ergibt sich durch die Verwendung von italienischem Prosciutto statt des Bauchspecks. Prosciutto ist salziger, schmeckt ausdrucksvoller und wird beim Braten um einiges knuspriger.

ZUTATEN FÜR 4 PERSONEN
8 Feigen
100 g Blauschimmelkäse
16 Scheiben Bauchspeck
Öl zum Braten
2 Hände voll Rucola
Olivenöl
Balsamico
Salz, Pfeffer

1 Feigen von den Strunkansätzen befreien und in ca. 50 mm dicke Scheiben schneiden. Den Blauschimmelkäse ebenfalls in dünne Scheiben schneiden. Zwischen zwei Feigenscheiben jeweils eine Scheibe Käse legen. In Speck einwickeln und in einer beschichteten Pfanne mit wenig Öl beidseitig knusprig braten.

2 Rucola mit Olivenöl, Balsamico, Salz und Pfeffer abschmecken. In tiefen Tellern anrichten, mit gebratenen Feigen belegen und servieren.

Schinken-Zwiebel-Pofesen mit Parmesan und Wildkräutersalat

Rezept von Alexander Fankhauser

15 MINUTEN / LEICHT

Pofesen haben eine lange Tradition, die bis zu den Römern zurückverfolgt werden kann. Schon im Kochbuch des Marcus Gavius Apicius aus dem ersten Jahrhundert n. Chr. ist eine Rezeptur dazu zu finden. Schon damals wurde entrindetes Brot in einer Mischung aus Milch und Eiern eingeweicht, aromatisiert, gefüllt und in Fett gebraten.

ZUTATEN FÜR 4 PERSONEN

150 g Schinken
1 kleine Zwiebel
Öl zum Braten und Backen
1 Knoblauchzehe
Obers
Toastbrotscheiben
3–4 Eier
100–150 g geriebener Parmesan
etwas Butter
1 Schalotte
1 Tasse Wildkräuter
2 EL Walnussöl
Himbeeressig
Zucker
Salz, Pfeffer

1 Schinken und Zwiebel kleinwürfelig schneiden. Zusammen in etwas Öl anschwitzen, Knoblauch fein hacken und kurz mitdünsten. Mit Obers auffüllen und einkochen lassen.

2 Die Toastbrotscheiben entrinden. Die Schinken-Zwiebel-Masse jeweils zwischen zwei Scheiben verteilen. Eier verquirlen, Parmesan einrühren und die gefüllten Toastbrotscheiben durchziehen. In reichlich heißem Öl und etwas Butter backen.

3 Die Schalotte feinwürfelig schneiden, mit Walnussöl, Himbeeressig, Salz und Pfeffer zu einer Vinaigrette rühren. Die geputzten Wildkräuter damit marinieren und anrichten. Die noch heißen Pofesen halbieren und daraufsetzen.

TIPP VON ALEX

Statt auf Salat kann man diese Pofesen auch mit einer kräftigen klaren Rindsuppe servieren. Ich würde sie allerdings nicht in der Suppe, sondern extra anrichten, weil sie so wesentlich knuspriger bleiben.

Polenta-Kohl-Roulade mit warmer Schnittlauchsauce

Rezept von Andreas Wojta

45 MINUTEN / AUFWENDIG

Sie können auch Weißkraut statt Kohl verwenden. Die Füllmasse wirkt nicht ganz so deftig, wenn man statt der Salami frische Kräuter verwendet.

ZUTATEN FÜR 4 PERSONEN

Olivenöl
100 g Lauch
1 EL grüne Pfefferkörner
2 EL klein geschnittene Salami
1 Knoblauchzehe
1 Zweig Rosmarin
1 Zweig Thymian
150 g Polenta
40 g Parmesan (gerieben)
4 EL geschlagenes Obers
8 große Kohlblätter (blanchiert)
Butter zum Anbraten
1 Eidotter
8 Scheiben Bauchspeck
Salz, Pfeffer

Für die Schnittlauchsauce:
250 ml Obers
1 Hand voll Schnittlauch
Salz, Pfeffer

1 In einer geräumigen Pfanne Olivenöl erhitzen, Lauch schneiden und mit Pfefferkörnern, Salami und angedrückter Knoblauchzehe sowie Rosmarin und Thymian kurz anrösten. Polenta kurz mitrösten und mit Wasser aufgießen. Mit Salz und Pfeffer würzen, auf kleiner Hitze ca. 20 Minuten quellen lassen. Beiseitestellen, kurz abkühlen lassen, dann Eidotter, Parmesan sowie geschlagenes Obers unterheben.

2 Die blanchierten Kohlblätter kurz in aufschäumender Butter beidseitig leicht anbraten, aus der Pfanne heben und mit der Polentamasse füllen, einrollen und in eine Auflaufform schlichten. Mit Speckscheiben belegen und im vorgeheizten Backrohr bei 170 °C ca. 20 Minuten braten.

3 Für die Schnittlauchsauce Obers aufkochen, mit Salz und Pfeffer würzen, mit frisch geschnittenem Schnittlauch vollenden.

4 Kohlrouladen aus dem Rohr nehmen, auf großen Tellern anrichten und mit der Schnittlauchsauce servieren.

TIPP VON ANDI

Achten Sie darauf, dass die Polentamasse tatsächlich gut ausgekühlt ist, weil sonst bei der Beigabe des Eidotters dieser stockt und so die Masse nicht binden kann.

Verschieden gefüllte Strudelteigsäckchen

Rezept von Alexander Fankhauser

40 MINUTEN / AUFWENDIG

Ein Beweis dafür, wie variantenreich man das Thema Strudel interpretieren kann. Sämtliche Strudelteigsäckchen schmecken bei Fingerfood-Buffets sowohl warm wie auch kalt serviert.

ZUTATEN FÜR 4 PERSONEN

8 Strudelteigblätter
3 Eier
Fett zum Backen

Für die Quiche-Lorraine-Taschen:
1 Zwiebel
1/2 Stange Lauch
8 Scheiben Speck
250 ml Obers
1/2 Erdapfel
Öl und Butter zum Braten
Salz, Pfeffer

Für die Lachstaschen:
100 g Lachsfilet
150 ml Obers
100 g Räucherlachs
1/2 Bund Dille
Salz, Pfeffer

Für die Apfelstrudeltaschen:
2 Äpfel
1 EL Rum
2 EL Rosinen
1 EL Zucker
1 Msp. Zimt
2 EL Brösel
etwas Zitronensaft
Staubzucker zum Bestreuen

Für das Sabayon:
1 Eidotter
125 ml Weißwein
2 EL Zucker
Zimt

1 Für die Fülle der Quiche-Lorraine-Taschen Zwiebel, Lauch und Speck in feine Streifen schneiden, in einer Pfanne farblos anschwitzen lassen. Obers zugeben und einkochen lassen. Mit geriebenem Erdapfel binden, mit Salz und Pfeffer abschmecken.

2 Für die Lachstaschen-Fülle Lachsfilet klein schneiden und in einer Küchenmaschine mit kaltem Obers, Salz und Pfeffer zu einer feinen Masse mixen. Räucherlachs in Würfel schneiden und unter die Lachsmasse rühren, mit Salz, Pfeffer und gehackter Dille abschmecken.

3 Für die Apfelstrudeltaschen Äpfel schälen, entkernen, halbieren und in feine Scheiben schneiden. Mit den restlichen Zutaten vermengen und nochmals abschmecken.

4 Für das Sabayon alle Zutaten über dem Wasserbad so lange schlagen, bis eine dickliche Masse entsteht. Das Sabayon mit den gebackenen Apfelstrudeltaschen anrichten.

5 Zum Fertigstellen die Hälfte der Strudelteigblätter mit Ei bestreichen und ein zweites Blatt darauflegen. In Quadrate von ca. 10 x 10 cm schneiden und mit der jeweiligen Masse füllen. Strudelrand mit Ei bestreichen und zu Säckchen formen. In reichlich heißem Fett goldgelb backen.

TIPP VON ALEX

Strudelteig kann man entweder schwimmend in reichlich Öl frittieren oder auch im Rohr bei Umluft backen. Verwenden Sie jeweils zwei Strudelblätter, um die Gefahr des Aufreißens zu verringern.

Basilikumschmarren
mit Pinienkernen und Parmesan
Rezept von Andreas Wojta
25 MINUTEN / AUFWENDIG

Ein schönes Beispiel dafür, dass Schmarren nicht immer süß sein muss. Einen zusätzlichen aromatischen Touch erreichen Sie durch die Zugabe von Räucherlachs zur Masse und mit Ketakaviar als Garnitur.

TIPP VON ANDI
Wenn es ganz schnell gehen soll, dann bereiten Sie die Masse aus ganzen Eiern zu und verzichten auf den Eischnee. Der Schmarren wird dann zwar nicht ganz so flaumig, kann dafür aber auch gleich direkt am Herd gebacken werden.

ZUTATEN FÜR 4 PERSONEN
250 g Basilikum
250 ml Obers
4 Eier
1 TL Backpulver
100 g glattes Mehl
Olivenöl
3 EL Pinienkerne
1 Hand voll grob gehobelter Parmesan
Salz, Pfeffer

1 Basilikumblätter abzupfen, Blätter waschen und in reichlich kochendem Wasser blanchieren. Kalt abschrecken, ausdrücken und klein hacken. Das Obers aufkochen, Basilikum zugeben, mit Salz und Pfeffer abschmecken und fein pürieren.

2 Eier trennen, Eiklar mit einer Prise Salz steif schlagen. Eidotter schaumig rühren, mit Backpulver versiebtes Mehl, Basilikumcreme sowie Eischnee unterheben. In einer Pfanne Olivenöl erhitzen, den Teig eingießen und am Herd kurz anbacken lassen. Schmarren mit Pinienkernen und Parmesan bestreuen, im vorgeheizten Backrohr bei 170 °C Heißluft in 5–10 Minuten fertig backen.

3 Schmarren aus dem Rohr nehmen, vorsichtig wenden und mit Hilfe zweier Gabeln in mundgerechte Stücke reißen. Auf vorgewärmten Tellern anrichten.

Kürbiscremesuppe im Hokkaidokürbis mit Kürbiskernpesto-Croûtons

Rezept von Alexander Fankhauser

30 MINUTEN / AUFWENDIG

Der Hokkaidokürbis stammt, wie der Name schon sagt, von der Insel Hokkaido. Gegen Ende des 19. Jahrhunderts brachten die Amerikaner den Kürbis nach Japan. Das Fleisch dieses Kürbisses ist kräftig orange und hat ein nussiges Maroniaroma.

ZUTATEN FÜR 4 PERSONEN

4 Hokkaidokürbisse
Öl und Butter zum Braten
1 Zwiebel
3 Knoblauchzehen
1 EL Tomatenmark
1 TL Paprikapulver
1 Schuss Essig
500 ml Rindsuppe
(oder Wasser)
125 ml Obers
gemahlener Kümmel
Salz, Pfeffer

Für das Pesto:
80 g Kürbiskerne
1 Bund Petersilie
40 g Parmesan (gerieben)
125 ml Rindsuppe
Kernöl

4 dünne Scheiben altbackenes
Schwarzbrot
Speiseöl zum Backen

1 Die Hokkaidokürbisse aushöhlen. 300 g Kürbisfleisch grob raspeln. In einem Topf etwas Öl und Butter aufschäumen. Zwiebel hacken und darin glasig anschwitzen. Kürbisfleisch und gehackten Knoblauch zugeben, trocken dünsten (also so lange dünsten, bis sich am Boden des Topfes eine Schicht bildet). In Folge Tomatenmark beigeben und kurz mitrösten. Paprikapulver und gemahlenen Kümmel einrühren und mit einem Schuss Essig ablöschen. Mit Rindsuppe aufgießen und ca. 15 Minuten kochen lassen. Im Mixer pürieren, danach noch einmal aufkochen lassen. Mit Kümmel, Salz und Pfeffer abschmecken, mit Obers vollenden.

2 Für das Pesto alle Zutaten im Mixer pürieren, mit Salz und Pfeffer würzen. Die Schwarzbrotscheiben in Öl knusprig backen und das Pesto daraufstreichen. Die Suppe im ausgehöhlten Kürbis servieren und die Pestobrötchen dazureichen.

TIPP VON ALEX

Kürbis sollte stets trocken gedünstet werden. Das heißt, dass tatsächlich alle enthaltene Flüssigkeit verdampft ist. Nur so kann Kürbis seinen typischen Geschmack unverwässert präsentieren.

MINORITEN
STÜBERL

HAUPTSPEISEN

Gefüllte Spanferkelbrust auf Malzbier-Zwiebeln

Rezept von Andreas Wojta

2 STUNDEN / AUFWENDIG

Die eingeweichten Semmelscheiben für die Fülle sollten nicht in einer pürierten Masse enden, sondern noch Struktur haben. – Nur so bekommt die Fülle tatsächlich eine schöne Marmorierung.

ZUTATEN FÜR 4 PERSONEN

1 Spanferkelbrust
(ca. 2 kg)
3 altbackene Semmeln
5 Eier
125 ml Obers
1 EL Butter
1 EL geschnittener
Liebstöckel
Schweineschmalz
(oder Öl) zum Braten
Salz, Pfeffer

Für die Malzbier-Zwiebeln:

3 Zwiebeln
Schweineschmalz
(oder Öl) zum Braten
1 TL Zucker
1 Knoblauchzehe
1 kräftiger Schuss Malzbier
1 EL frischer Majoran
Salz, Pfeffer

1 In die Spanferkelbrust am besten gleich vom Fleischhauer eine Tasche einschneiden lassen. Das Fleisch innen und außen salzen und pfeffern.

2 Für die Fülle die Semmeln in dünne Scheiben schneiden. 3 Eier aufschlagen und gemeinsam mit dem Obers vorsichtig unterheben. Butter in einer Pfanne leicht bräunen, die restlichen 2 Eier zugeben, kurz anstocken lassen und mit einem Kochlöffel verrühren. Die Eierspeise sollte noch cremig sein. Eierspeise und geschnittenen Liebstöckel unter die Semmelmasse heben und mit Salz abschmecken. Die Semmelfülle in die Spanferkelbrust geben, die Öffnung mit Küchengarn zunähen oder mit Holzspießchen zustecken.

3 Schweineschmalz in einer geräumigen Pfanne erhitzen und die Spanferkelbrust auf beiden Seiten anbraten. Mit etwas Wasser untergießen und für ca. 90 Minuten bei 175 °C Heißluft fertig braten. Das Fleisch während des Bratens immer wieder mit dem entstandenen Bratensaft übergießen. Spanferkelbrust aus dem Rohr nehmen und vor dem Aufschneiden kurz rasten lassen.

4 Für die Malzbier-Zwiebeln die Zwiebeln schälen, halbieren und in dünne Ringe schneiden. In einer Pfanne Schmalz erhitzen und die Zwiebelringe darin goldbraun anrösten, den Zucker sowie die angedrückte Knoblauchzehe zufügen und nochmals kurz durchrösten. Mit Malzbier untergießen, kurz aufkochen lassen, mit frischem Majoran, Salz und Pfeffer abschmecken.

5 Spanferkelbrust in gewünschte Scheiben schneiden und auf den Malzbier-Zwiebeln anrichten.

TIPP VON ANDI

Wenn auf der Spanferkelbrust auch noch eine schöne Schwarte dranhängt, schneiden Sie diese vor dem Braten regelmäßig ein und überkochen sie dann kurz in Salzwasser. Beim Braten springt die Kruste dann wie Popcorn auf.

Rehbutterschnitzel mit knusprigem Rotkraut

Rezept von Andreas Wojta

30 MINUTEN / LEICHT

Normalerweise ist Rotkraut doch eine recht üppige Angelegenheit. Auf diese Weise serviert, können Sie selbst erfahrene Feinschmecker mit einer leichten Beilage überraschen.

ZUTATEN FÜR 4–6 PERSONEN

1 kg faschiertes Rehfleisch (Abschnitte und Reste)
125 ml Obers
4 Eier
5 Wacholderbeeren (klein gehackt)
1 TL Thymian (frisch gehackt)
1 TL Rosmarin (frisch gehackt)
etwas geriebene Orangenschale
1 EL Preiselbeeren
Weißbrotbrösel zum Binden
Butter zum Braten
Salz, Pfeffer

Für das Rotkraut:
1 kleiner Kopf Rotkraut
Mehl zum Stauben
Öl zum Frittieren

1 Faschiertes Rehfleisch mit allen Zutaten vermengen und mit den Weißbrotbröseln binden, mit Salz und Pfeffer abschmecken. Aus der Fleischmasse Laibchen formen. In einer Pfanne Butter aufschäumen lassen und die Laibchen einlegen, beidseitig goldgelb backen.

2 Rotkraut halbieren, vom Strunk befreien und auf einer Aufschneidemaschine dünn aufschneiden. Mehlieren und im heißen Fett knusprig frittieren.

TIPP VON ANDI

Formen Sie aus der Fleischmasse lieber kleine als große Laibchen. Sie sind unkomplizierter zu braten, werden an der Oberfläche schön knusprig und sind im Kern garantiert durchgebraten.

Fleischpalatschinke
mit Sojasprossen

REZEPT SIEHE NÄCHSTE SEITE

Fleischpalatschinke mit Sojasprossen

Rezept von Andreas Wojta

25 MINUTEN / LEICHT

Palatschinken werden besonders im asiatischen Raum gerne für pikante Speisen verwendet. Die Palatschinken kann man gut vorbereiten und fertig über Wasserdampf oder im Dampfgarer erwärmen.

TIPP VON ANDI
Wenn es bei Ihnen auch mal richtig scharf sein darf: Mit einer fein gehackten Chilischote und geriebenem Ingwer erhält der Palatschinkenteig ungeahnt würzige Dimensionen.

ZUTATEN FÜR 4 PERSONEN
2 Zwiebeln
2 Knoblauchzehen
Öl zum Braten
500 g Faschiertes (von Schwein und Rind)
125 ml Sojasauce
5 EL Ketchup
2 EL Ingwer (fein geschnitten)
1 EL Zucker
250 g Sojasprossen
250 g Weißkraut (geschnitten)

Für die Palatschinken:
120 g Mehl
250 ml Milch
2 Eier
1 EL Sojasauce
1 Spritzer Tabasco
Fett zum Backen

1 Zwiebeln und Knoblauch schälen, klein schneiden, in Öl hellgelb anrösten. Faschiertes zufügen und gut durchrösten. Mit Sojasauce ablöschen, mit Ketchup, Ingwer und Zucker abschmecken. In einer separaten Pfanne zuerst Sojasprossen, anschließend das geschnittene Weißkraut anrösten und unter die Fleischmasse heben.

2 Für die Palatschinken alle Zutaten zu einem geschmeidigen Teig verrühren und in einer beschichteten Pfanne nach und nach dünne Palatschinken backen. Palatschinken mit der Fleischmasse belegen, zusammenrollen und servieren.

Forelle im Backteig auf Balsamicogemüse

Rezept von Andreas Wojta

25 MINUTEN / AUFWENDIG

Wenn Sie dieses Gericht mit einer Bachforelle zubereiten, ist es ein echtes Festessen. Die edelste aller Forellen wird in hochgelegenen, kalten Gebirgsbächen gefischt und hat einen einzigartigen, nussig-würzigen Geschmack.

ZUTATEN FÜR 4 PERSONEN

8 halbierte Forellenfilets
Saft von 1 Zitrone
1 EL gehackte Petersilie
2 EL Mehl
Öl zum Backen
Salz

Für den Backteig:
250 ml helles Bier
250 g Mehl
3 Eier
2 EL Öl
Salz

Für das Balsamicogemüse:
3 Knoblauchzehen
1 roter Paprika
1 gelber Paprika
2 Zucchini
1 Melanzani
Olivenöl zum Anbraten
Balsamico
Zucker
Salz, Pfeffer

1 Forellenfilets auf der Hautseite mit einem scharfen Messer leicht einschneiden (dadurch behalten die Filets beim Backen besser ihre Form), salzen, mit Zitronensaft beträufeln und mit gehackter Petersilie bestreuen.

2 Für den Backteig Bier mit Mehl glatt rühren, Eier trennen, Dotter, Öl und Salz in die Biermasse einrühren. Eiklar mit einer Prise Salz zu steifem Schnee schlagen und unter den Teig heben.

3 Forellenfilets mehlieren (dadurch bleibt der Teig besser haften), durch den Backteig ziehen und in heißem Fett schwimmend bei nicht zu starker Hitze langsam goldbraun backen.

4 Für das Balsamicogemüse Knoblauch schälen und klein schneiden. Gemüse waschen, Paprika entkernen und mit Zucchini und Melanzani in die gewünschte Größe schneiden. Gemüse in Olivenöl anbraten, mit Balsamico ablöschen. Knoblauch zufügen, kurz durchschwenken, mit Zucker, Salz und Pfeffer würzen. Mit den Fischfilets servieren.

TIPP VON ANDI

Neben den üblichen Frischekriterien wie kein Fischgeruch, glänzende, pralle Augen, leuchtend rote Kiemen, klare Schleimhaut und festes Fleisch hat die Forelle ein im wahrsten Sinne des Wortes „mitreißendes" Frischemerkmal: Durch den Garvorgang reißt bei frischen Forellen die Haut ein. Im Ganzen gebraten, verformen sie sich sogar oft. Erst wenn Forellen 1–2 Tage gelagert wurden, entsteht dieser Effekt nicht.

Forelle im Backteig
auf Balsamicogemüse

REZEPT SIEHE VORIGE SEITE

Fondue Bourguignonne

Rezept von Alexander Fankhauser

20 MINUTEN / LEICHT

Ein zu Unrecht in Vergessenheit geratenes Genusserlebnis, das vor allem in größeren Runden viel Spaß macht. Es verbindet Kochen mit Gemütlichkeit. Statt in Öl kann man die Fleischstücke auch in Suppe garen.

ZUTATEN FÜR 4 PERSONEN
500 g Beiried
500 g Rinderfilet
1 l Öl oder Kokosfett

Für die Bananen-Curry-Sauce:
2 reife Bananen
3 EL Mayonnaise
3 EL Sauerrahm
1 EL Zitronensaft
2 EL Currypulver
Salz, Pfeffer

Für die mexikanische Paradeisersauce:
4 reife Paradeiser
1 großer Paprika
1 kleine Chilischote
2 kleine Zwiebeln
4 EL Öl
2 EL Zitronensaft
Cayennepfeffer
1 Bund Petersilie
Salz

Für das Tsatsiki:
1 Salatgurke
5 Knoblauchzehen
400 g Crème fraîche
1 Jungzwiebel
Fett zum Braten
etwas Zitronensaft
Salz, Pfeffer

1 Für die Bananen-Curry-Sauce Bananen schälen und im Mixer mixen. Mayonnaise, Sauerrahm, Zitronensaft zugeben, fein mixen. Curry zugeben und nochmals mixen, mit Salz und Pfeffer abschmecken.

2 Für die mexikanische Paradeisersauce Paradeiser blanchieren und schälen, in Würfel schneiden. Paprika und Chilischote entkernen und klein schneiden. Zwiebel schälen und klein schneiden. Alles gemeinsam im Mixer pürieren, mit Öl und Zitronensaft montieren. Mit Salz, Cayennepfeffer und frisch gehackter Petersilie abschmecken.

3 Für das Tsatsiki Salatgurke schälen und fein raspeln, Knoblauch fein hacken. Beides mit Crème fraîche glatt rühren. Jungzwiebel in feine Streifen schneiden und in heißem Fett knusprig braten. Knusprige Jungzwiebeln untermischen. Tsatsiki mit Salz, Pfeffer und etwas Zitronensaft abschmecken.

4 Fleisch in 2 cm große Würfel oder entsprechende Streifen schneiden. Öl (oder Kokosfett) im Fonduetopf erhitzen. Fleischstücke auf Spieße stecken und im Fett rosa sieden. Mit den Saucen genießen.

TIPP VON ALEX
Achten Sie beim Fleisch unbedingt auf absolute Topqualität und seien Sie auch beim Zuputzen nicht zu sparsam: Sämtliche Sehnen, Häutchen und Fettstellen sollten radikal entfernt werden.

Hühnerfilet in der Parmesan-Nuss-Kruste auf Basilikumfisolen

Rezept von Andreas Wojta

25 MINUTEN / AUFWENDIG

Knuspriges Fingerfood mit einem gemüsigen Dip, der zugleich eine vollwertige Beilage ist. Im Sommer können die Basilikumfisolen auch kalt serviert werden, wodurch das Gericht mit dem frischen Basilikumaroma einen besonders erfrischenden Charakter besitzt.

ZUTATEN FÜR 4 PERSONEN

2 Hühnerbrüste
Mehl zum Stauben
3 Eier
1 Hand voll geriebene Walnüsse
1 Hand voll frisch geriebener Parmesan
Öl zum Frittieren
Salz, Pfeffer

Für die Basilikumfisolen:
200 g Fisolen
150 g frisches Basilikum
125 ml Olivenöl
1 Knoblauchzehe
Salz, Pfeffer

1 Hühnerbrustfleisch in längliche Streifen schneiden, mit Salz und Pfeffer würzen und mit Mehl stauben. Eier verquirlen und die Hühnerbruststreifen durchziehen. Walnüsse mit Parmesan vermengen und die Filetstreifen darin wälzen. In heißem Fett schwimmend knusprig frittieren.

2 Fisolen putzen und in reichlich Salzwasser bissfest kochen, kalt abschrecken. Basilikum putzen, blanchieren, kalt abschrecken, gut ausdrücken und fein hacken. Mit Olivenöl aufmixen, sodass ein kräftiges grünes Basilikumöl entsteht. In einer Pfanne etwas Basilikumöl erhitzen, angedrückte Knoblauchzehe zufügen und die gekochten Fisolen beigeben, kurz durchschwenken, mit Salz und Pfeffer würzen und auf einem vorgewärmten Teller anrichten. Die knusprigen Hühnerfilets daraufsetzen und servieren.

TIPP VON ANDI

Kids lieben dieses Gericht, wenn man statt der Parmesan-Nuss-Kruste die Hühnerfilets in Cornflakes paniert. Die Hühnerstreifen nicht zu dick schneiden, damit sich beim Frittieren keine Garprobleme ergeben.

Gefüllter und gebackener Schweinslungenbraten

mit lauwarmem Endiviensalat

Rezept von Andreas Wojta

25 MINUTEN / AUFWENDIG

Die flüssige Kräuterbutter im Inneren ist etwas ganz Besonderes. Beim Aufschneiden der Stücke macht sich so die passende Sauce am Teller breit und sorgt für Würze und Saftigkeit.

ZUTATEN FÜR 4 PERSONEN

2 Knoblauchzehen
125 g Butter (handwarm)
1 EL gehackte Petersilie
ca. 700 g Schweinslungenbraten
Mehl, Eier und Brösel zum Panieren
Öl zum Backen
Salz, Pfeffer

Für den Salat:

1 Kopf Endiviensalat
2 Erdäpfel (gekocht)
1 Zwiebel
1 Knoblauchzehe
Essig
Öl
Salz, Pfeffer

1 Knoblauch klein schneiden und mit Butter und Petersilie verrühren, mit Salz und Pfeffer abschmecken, kurz im Kühlschrank kalt stellen.

2 Schweinslungenbraten in dickere Scheiben schneiden, leicht klopfen und mit der Kräuterbutter füllen. Enden zusammenklappen, eventuell mit einem Zahnstocher verschließen. Fleisch in Mehl, Eiern und Bröseln panieren, in heißem Öl goldbraun backen. Auf Küchenpapier abtropfen lassen.

3 Für den Salat Endiviensalat waschen und putzen, die gekochten Erdäpfel schälen und in Scheiben schneiden. Zwiebel und Knoblauch schälen, klein schneiden. In einer großen Schüssel die noch warmen Erdäpfelscheiben mit Zwiebel und Knoblauch vermengen, mit Essig, Öl, Salz und Pfeffer abschmecken. Den geschnittenen Endiviensalat vorsichtig unterheben.

TIPP VON ANDI

Wer es gerne steirisch mag, kann den Salat mit Kernöl und Käferbohnen verfeinern – das harmoniert wunderbar mit dem zartbitteren Endivienaroma.

Hühnerbruststreifen mit Karotten-Curry-Salat und Erdäpfelcrêpes

Rezept von Andreas Wojta

35 MINUTEN / AUFWENDIG

Karotten und Curry sind eine viel zu selten verwendete, aber dafür umso verführerische Kombination. Gemeinsam mit dem würzig marinierten Hühnerfleisch erhalten Sie ein echtes Aromenfestival auf dem Teller.

ZUTATEN FÜR 4 PERSONEN

3 Hühnerbrüste
4 EL Ketchup
2 EL Joghurt
2 EL Sauerrahm
2 Knoblauchzehen
1 Zweig Rosmarin
1 Zweig Thymian
1 EL frisch gehackte Petersilie
1 Zitrone
Öl zum Braten
Salz, Pfeffer

Für den Karotten-Curry-Salat:
8 Karotten
4 Knoblauchzehen
1 EL Currypulver
Tafelessig, Öl, Salz, Zucker

Für die Erdäpfelcrêpes:
1 Zwiebel
3 Scheiben Hamburgerspeck
1 EL Butter
500 g gekochte und gepresste Erdäpfel
2 Eier
50 g Crème fraîche
50 g geriebener Parmesan
2 EL gehackte Petersilie
2 EL Öl
Salz

1 Hühnerbrustfleisch in Streifen schneiden und in ein etwas tieferes Geschirr legen. Ketchup, Joghurt, Sauerrahm, gehackten Knoblauch, Rosmarin, Thymian, Petersilie, Zitronensaft und -schale sowie Salz und Pfeffer verrühren und über das Fleisch gießen. Mit Frischhaltefolie bedeckt einige Zeit marinieren lassen.

2 Danach Hühnerbruststreifen aus der Marinade heben und in einer geräumigen Pfanne in heißem Fett beidseitig scharf anbraten.

3 Für den Salat Karotten schälen und in Scheiben schneiden, in Salzwasser bissfest kochen, danach mit kaltem Wasser abschrecken. Knoblauch schälen und fein hacken. Karotten mit Knoblauch in einer Schüssel vermengen und mit Currypulver, Essig, Öl, Salz, Zucker und Wasser abschmecken.

4 Für die Erdäpfelcrêpes Zwiebel und Hamburgerspeck fein schneiden und beides in aufschäumender Butter anrösten, die Mischung zu den gepressten Erdäpfeln geben. Eier trennen. Eidotter, Crème fraîche, Parmesan und Petersilie unterrühren, mit Salz und Pfeffer würzen. Eiklar mit einer Prise Salz steif schlagen und unter die Erdäpfelmasse ziehen. Öl in einer Pfanne erhitzen und mit einem Esslöffel Nocken von der Erdäpfelmasse abstechen. In die Pfanne setzen, beidseitig goldbraun anbraten und im auf 180 °C vorgeheizten Rohr in 2–3 Minuten fertig backen.

5 Gebratene Hühnerbruststreifen mit Karotten-Curry-Salat und Erdäpfelcrêpes anrichten.

TIPP VON ANDI
Wenn Sie das marinierte Fleisch unmittelbar zum Anbraten ins heiße Fett legen, spritzt es unweigerlich sehr heftig. Darum besser das Fleisch zuvor vorsichtig trocken tupfen.

Warme Wild-Quiche mit Sauce Cumberland

Rezept von Alexander Fankhauser

40 MINUTEN / AUFWENDIG

Eine Quiche wird nie auf dem Backblech, sondern stets in einer Form gebacken. Durch die Verwendung von fertigem Blätterteig ist dieses Gericht schnell zuzubereiten.

ZUTATEN FÜR 4 PERSONEN

300 g Wildfleisch (vom Schlögel)
80 g weißer Speck (ungesalzen, roh)
30 g Geflügelleber
1 Schuss Cognac
1 Schuss Madeira
1 EL Wildjus
325 ml Obers
300 g Blätterteig
1 Ei
2 Eidotter
Salz, Pfeffer

Für die Sauce Cumberland:

4 EL Preiselbeeren
4 EL Ribiselgelee
4 EL Rotwein
4 EL Madeira
geriebene Schale von 1/2 Zitrone
geriebene Schale von 1 Orange
Senf
Salz, Pfeffer

1 Wildfleisch, Speck und Geflügelleber möglichst kalt im vorgekühlten Mixer bei langsamer Zugabe von Cognac, Madeira, Wildjus und 200 ml kaltem Obers zu einer sämigen Farce mixen, mit Salz und Pfeffer würzen. Den Blätterteig ca. 3 mm dick ausrollen, eine größere Quiche-Form bzw. mehrere kleine Formen damit auslegen. Farce daraufstreichen.

2 Aus dem restlichen Teig passende „Deckel" ausschneiden und auf die bestrichenen Teigstücke legen. Am Rand mit den Fingern festdrücken und mit verquirltem Ei bestreichen. In der Mitte ein kleines Loch ausstechen. Im Rohr bei 180 °C ca. 15 Minuten backen.

3 Danach die beiden Eidotter mit den restlichen 125 ml Obers verschlagen und in die Teigöffnung gießen. Die Wildquiche in weiteren ca. 10 Minuten fertig backen.

4 Für die Sauce Cumberland Preiselbeeren und Ribiselgelee passieren und vermischen. Rotwein, Madeira und Zitrusfruchtzesten aufkochen. Langsam in die Ribisel-Preiselbeer-Mischung einrühren, mit Salz, Pfeffer sowie etwas Senf abschmecken. Zur Quiche servieren.

TIPP VON ALEX

Wenn Ihnen die Sauce Cumberland in der Herstellung zu aufwendig erscheint, können Sie ganz einfach Preiselbeerkompott dazu servieren. Bei der Herstellung bitte darauf achten, dass alle Zutaten sehr gut gekühlt sind, sonst gerinnt die Masse. – Dieses Gericht schmeckt übrigens auch kalt hervorragend.

Gebratene Kalbsstelze
auf geschmortem Gemüse mit Zitronen-Salbei-Gnocchi

Rezept von Andreas Wojta

3 STUNDEN / AUFWENDIG

Eine sehr von mediterranen Aromen inspirierte Version einer im Ganzen gebratenen Stelze. Statt der doch eher aufwendigen Gnocchi kann man auch ganz einfach einige Erdäpfel mitbraten.

ZUTATEN FÜR 4 PERSONEN

2 gelbe Rüben
2 Karotten
3 Zwiebeln
1/2 Sellerieknolle
Öl zum Braten
1 Kalbsstelze
1 TL edelsüßes Paprikapulver
2 Lorbeerblätter
3 Knoblauchzehen (angedrückt)
1 Zweig Rosmarin
1 Zweig Thymian
Salz

Für die Gnocchi:

500 g mehlige Erdäpfel
125 g Erdäpfelstärkemehl
12 g Grieß
2 EL Butter
geriebene Schale von 1 Zitrone
1 kleiner Bund frischer Salbei
Salz

1 Gemüse schälen und in beliebige Stücke schneiden. Öl in einer geräumigen Pfanne erhitzen und die Kalbsstelze rundum anbraten. Fleisch mit Salz und Paprikapulver würzen, im auf 180 °C vorgeheizten Rohr bei oftmaligem Wenden etwa 90 Minuten braten.

2 Dann das vorbereitete Gemüse sowie die Aromaten zufügen und einige Zeit mitschmurgeln lassen. Mit Wasser aufgießen und weitere 90 Minuten schmoren. Stelze während des Bratens immer wieder mit dem entstandenen Bratensaft übergießen.

3 Für die Gnocchi Erdäpfel weich kochen, schälen, pressen und noch warm mit Erdäpfelmehl, Grieß und Salz zu einem Teig verarbeiten. Teig in Streifen, dann in kleine Stücke schneiden, Gnocchi formen und in siedendem Wasser einmal aufkochen lassen, danach noch 5 Minuten ziehen lassen. Gnocchi mit einem Schaumlöffel aus dem Wasser heben und in aufschäumender Butter mit Zitronenschale und Salbeiblättern kurz durchschwenken.

4 Stelze in beliebige Stücke schneiden, auf dem geschmorten Gemüse anrichten und mit den Gnocchi servieren.

TIPP VON ANDI

Kalbfleisch würze ich sehr gerne mit edelsüßem Paprikapulver, weil dieses dem Fleisch einen schönen Farbton verleiht und auch der Eigengeschmack des Fleisches profitiert davon ungemein.

Wildhase im Wacholderrahm

Rezept von Andreas Wojta

75 MINUTEN / AUFWENDIG

Für Liebhaber von Wild gibt es nichts Feineres: Ein Feldhase ist für sie der Gipfel der Genüsse. Am gebräuchlichsten in der Küche sind die so genannten „Dreiläufer". So nennt man 3 Monate alte Hasen, die zu Beginn der Saison geschossen werden.

ZUTATEN FÜR 4 PERSONEN

4 Zwiebeln
2 Knoblauchzehen
Öl zum Braten
1 Feldhase (küchenfertig)
1 Zweig Rosmarin
1 Zweig Thymian
geriebene Schale von 1 Orange
15 Wacholderbeeren
2 EL Zucker
3 EL Ketchup
1 kräftiger Schuss Orangenlikör (Cointreau)
1 kräftiger Schuss Gin
ca. 500 ml Rotwein
2 EL Preiselbeeren
250 ml Obers
Pfeffer, Salz

1 Zwiebeln und Knoblauch schälen, halbieren und in kleine Würfel schneiden.

2 In einer geräumigen Pfanne Öl erhitzen und die gewürzten Feldhasenstücke rundum scharf anbraten. Fleisch aus der Pfanne nehmen, im Bratenrückstand Zwiebeln, Knoblauch, Rosmarin, Thymian, Orangenschale sowie angedrückte Wacholderbeeren anrösten. Zucker und Ketchup zufügen, nochmals kurz durchschwenken und mit Orangenlikör und Gin ablöschen. Mit Rotwein auffüllen, Preiselbeeren zugeben, einmal kurz aufkochen lassen und die angebratenen Wildhasenstücke einlegen.

3 Im vorgeheizten Rohr bei 170 °C zugedeckt in ca. 1 Stunde weich schmoren. Fertig gegarte Wildhasenstücke aus dem Saft nehmen und beiseitestellen.

4 Obers zum Schmorsaft gießen und im Standmixer cremig aufmixen. Mit Salz und Pfeffer abschmecken. Den Wacholderrahm über die Wildhasenstücke gießen. Dazu passen Preiselbeeren und Serviettenknödel.

TIPP VON ANDI

Geben Sie ganz zum Schluss etwas mit kaltem Wasser verrührtes Erdäpfelstärkemehl zur Sauce. Damit bekommt die Sauce nicht nur einen schönen Glanz, sondern auch eine wunderbare Bindung.

TIPP VON ALEX

Bulgur ist ein geschroteter Weizen, wie er für viele Speisen im arabisch-orientalischen Raum unverzichtbar ist. Weil im Bulgur noch der Keim enthalten ist, ist er reich an Vitaminen, Eiweiß und Kohlenhydraten. Überall dort, wo Reis dazupasst, passt auch Bulgur. Auch die Zubereitung ähnelt jener von Reis.

Lammrücken am Rosmarinspieß auf Bulgur

Rezept von Alexander Fankhauser

30 MINUTEN / AUFWENDIG

Das Aufspießen von Fleischstücken auf frischen Kräuterzweigen verleiht dem Gericht ein ganz besonders verführerisches Aroma. Wenn man das Grün der Kräuterzweige während des Bratens in Alufolie wickelt, erhält man nicht nur perfekten Geschmack, sondern auch beste Optik.

ZUTATEN FÜR 4 PERSONEN

500 g Lammrücken
4 große Rosmarinzweige
Öl und Butter zum Braten
Salz, Pfeffer

Für die Beilage:

1 Zwiebel
Öl zum Braten
100–150 g Bulgur
1 TL Paprikapulver
500 ml nicht zu kräftige Rindsuppe
125 ml Obers
40 g Zucchini
40 g Melanzani
40 g Paprika
20 g geriebener Parmesan
1 EL geschlagenes Obers (oder kalte Butter)
Salz, Pfeffer

1 Für die Beilage Zwiebel schälen, fein schneiden und glasig anschwitzen. Den Bulgur beigeben. Jetzt salzen, dann das Paprikapulver einrühren. Nach und nach mit Suppe aufgießen, zum Schluss mit Obers auffüllen. Bulgur in 8–12 Minuten bissfest kochen. Zucchini, Melanzani und Paprika in Würfel schneiden und in einer Pfanne in etwas Öl glasig anschwitzen und zum Bulgur geben, mit Salz und Pfeffer abschmecken.

2 Den Lammrücken zuputzen, Rosmarinzweige zu zwei Drittel abrebeln. Den Lammrücken in Medaillons schneiden (ca. 40 g pro Stück). Medaillons auf die Rosmarinzweige stecken. Spieße in Öl und Butter (50 : 50) auf allen Seiten kurz braten, mit Salz und Pfeffer würzen.

3 Den gegarten Bulgur mit Parmesan und kalter Butter oder geschlagenem Obers verfeinern. Auf Tellern anrichten, die Spieße darauflegen und servieren.

Die Kombination von zartem jungen Wildfleisch und den säuerlich-fruchtigen, leicht süßlichen Aromanoten des Rhabarbers ergibt ein einmaliges Geschmackserlebnis.

ZUTATEN FÜR 4 PERSONEN

600 g Maibockrücken
Senf
Öl zum Braten
Salz, Pfeffer

Für die Rhabarber-Schalotten:

8 Schalotten
1 Stange Rhabarber
1 EL Zucker
125 ml Weißwein
1 Schuss Himbeeressig
50 ml Suppe
50 ml Himbeersauce
Salz

Für die Gnocchetti:

1 speckiger Erdapfel
1 Eidotter
2–3 EL Mehl
Muskatnuss
Salz, Pfeffer

1 Den Maibockrücken in acht Medaillons schneiden, etwas plattieren, mit Senf bestreichen, salzen und pfeffern. In einer Pfanne in wenig Öl beidseitig kurz anbraten und im Rohr bei 160 °C 3–4 Minuten garen.

2 Für die Rhabarber-Schalotten Schalotten schälen und in leicht gesalzenem Wasser ca. 20 Minuten weich kochen. Rhabarber schälen, in kleine Würfel schneiden. Zucker in einem Topf karamellisieren, Rhabarber zugeben, mit Weißwein und einem Schuss Himbeeressig ablöschen. Suppe und Himbeersauce zugeben und den Rhabarber weich kochen. Danach abseihen, den Fond sirupartig einkochen und den Rhabarber wieder zugeben. Zum Schluss die Schalotten zugeben und anrichten.

3 Für die Gnocchetti Erdäpfel schälen, klein schneiden und in Salzwasser weich kochen, danach pürieren und kalt stellen. Dann Dotter, Mehl, Muskatnuss, Salz und Pfeffer zugeben und zu einem festen Teig verarbeiten. Den Teig in eine 1 cm dicke Rolle ausrollen und mit einem Kochlöffel ca. 1 cm breite Stücke abschneiden. Die Gnocchetti 1–1½ Minuten in Salzwasser kochen, danach abseihen. Vor dem Servieren im Bratensaft wenden.

TIPP VON ALEX

Im Herbst, wenn Maibock und Rhabarber keine Saison haben, kann man Wildspezialitäten mit Früchten der Saison wie z. B. Trauben, Quitte oder Birne servieren. Achten Sie darauf, dass das Obst stets eine zarte belebende Säurenote aufweist, die auch durch die Zugabe von etwas Zitronensaft leicht erreicht werden kann.

Maibockrücken
mit Rhabarber-Schalotten und Gnocchetti

Rezept von Alexander Fankhauser

35 MINUTEN / AUFWENDIG

Die Fülle kann man sehr individuell gestalten: Ich persönlich mag die Champignonmasse am liebsten, weil sie bestens mit dem zarten Kalbfleisch harmoniert. Man kann stattdessen auch Blattspinat oder Paprikafruchtfleisch verwenden.

Kalbsnierenbraten

Rezept von Andreas Wojta

3 STUNDEN / AUFWENDIG

ZUTATEN FÜR 4–6 PERSONEN

1 1/2 kg Kalbsrücken
anfallende Kalbsknochen (gehackt)
2 Zwiebeln
2 Karotten
2 gelbe Rüben
1 kleine Sellerieknolle
1 Kalbsniere (im eigenen Fettmantel)
Öl zum Braten
2 Lorbeerblätter
1 Thymianzweig
1 Rosmarinzweig
Salz, Pfeffer

Für die Fülle (Duxelles):

1 kleine Zwiebel
250 g Champignons
Öl zum Braten
2 EL gehackte Petersilie
Salz, Pfeffer

TIPP VON ANDI

Als klassische Beilage zum Kalbsnierenbraten kommt eigentlich nur gedünsteter Reis in Frage. Wenn Sie lieber Erdäpfelpüree mögen: auch in Ordnung.

1 Kalbsrückenfleisch von den Knochen lösen und die Knochen hacken. (Das erledigt am besten der Fleischhauer.) Zwiebeln und Gemüse schälen, in grobe Stücke schneiden.

2 Für die Fülle Zwiebel schälen und klein schneiden. Champignons waschen und klein hacken. Öl in einer Pfanne erhitzen und die Zwiebel darin anrösten. Champignons zugeben, durchschwenken und so lange dünsten lassen, bis keine Flüssigkeit mehr in der Pfanne ist. Masse abkühlen lassen, die frisch gehackte Petersilie zufügen, mit Salz und Pfeffer würzen.

3 Kalbsniere rundum scharf anbraten und erkalten lassen. Erst dann vierteln und den weißen Strang herausschneiden. Kalbsrückenfleisch zweimal der Länge nach aufschneiden, aufklappen und leicht anklopfen. Kalbfleisch salzen und pfeffern, mit der Duxelles bestreichen. Die geviertelte Kalbsniere aufsetzen. Das Fleisch zusammenrollen und mit Küchengarn binden.

4 In einer geräumigen Bratpfanne Öl erhitzen und Kalbsbraten rundum anbraten. Aus dem Geschirr heben, mit Salz und Pfeffer würzen. Gehackte Kalbsknochen beigeben und kurz anrösten. Kalbsbraten auf die Knochen setzen und im vorgeheizten Rohr bei 180 °C ca. 60 Minuten braten. Dabei mehrmals mit dem eigenen Saft übergießen. Danach das vorbereitete Wurzelgemüse, Kräuter und Gewürze beifügen. Wenn nötig, mit etwas Wasser untergießen. Den Braten weitere 60 Minuten im Rohr schmoren, dabei immer wieder mit Saft übergießen.

5 Um sicherzugehen, dass der Kalbsbraten fertig durchgegart ist, mit einer dünnen Bratennadel in die Mitte des Fleischstücks stechen. Der austretende Saft sollte im Optimalfall eine leicht rosa Farbe aufweisen. Braten aus dem Rohr nehmen und ca. 15 Minuten rasten lassen. (Die Rastzeit ist wichtig, weil das Fleisch früher als die Niere fertig ist, diese aber beim Rasten gar zieht.) Die Kalbsknochen aus dem Schmorgemüse entfernen. Wenn nötig, nochmals abschmecken. Nierenbraten vom Bindfaden befreien, in fingerdicke Scheiben schneiden, auf das Schmorgemüse legen und servieren.

Ossobuco vom Lamm mit Bärlaucherdäpfeln

Rezept von Alexander Fankhauser

100 MINUTEN / AUFWENDIG

Das Original aus Mailand wird aus Kalbfleisch hergestellt. Diese Variante schmeckt durch das würzige Lammfleisch besonders herzhaft. Während man Ossobuco vom Kalb mit Weißwein schmort, passt bei diesem Gericht Rotwein ungleich besser.

TIPP VON ALEX

Osso bedeutet Knochen und buco bedeutet Loch. Und exakt das trifft ja auf die Scheiben von der Stelze zu. Entscheidend für das Gelingen des Ossobuco ist die Wahl des richtigen Fleischstückes, bei der man keine Kompromisse eingehen darf. Man muss dafür dicke Scheiben von der hinteren Stelze nehmen, die man samt Knochen und Mark verwendet. Lassen Sie sich diese Stücke von Ihrem Fleischhauer zurechtsägen.

ZUTATEN FÜR 4 PERSONEN

8 Scheiben von der Lammhaxe (mit Knochen, ca. 1–1,5 cm dick)
Senf
Öl zum Braten
1 Karotte
1 Zwiebel
1/4 Sellerieknolle
1/2 Stange Lauch
1 EL Tomatenmark
125 ml Portwein
125 ml Rotwein
500 ml Lammfond
2 Knoblauchzehen
2 Zweige Rosmarin
5 Zweige Thymian
Salz, Pfeffer

Für die Bärlaucherdäpfel:

2 speckige Erdäpfel
1 Tasse Bärlauch
1 Knoblauchzehe
3 EL Parmesan
3 EL Olivenöl

1 Lammscheiben mit Senf bestreichen, salzen und pfeffern. In einem Topf Öl erhitzen, Fleisch darin beidseitig anbraten, herausnehmen und beiseitestellen.

2 Gemüse waschen bzw. schälen, klein schneiden und im Bratensatz anschwitzen. Tomatenmark einrühren, kurz mitrösten, mit Portwein und Rotwein ablöschen. Lammfond, geschälten Knoblauch und die Kräuter dazugeben, im Rohr bei 180 °C Ober- und Unterhitze zugedeckt etwa 90 Minuten schmoren.

3 Fleisch herausnehmen, Kräuterzweige entfernen und die Sauce pürieren, mit Salz und Pfeffer abschmecken. Sauce durch ein Sieb passieren. Lammscheiben wieder in die Sauce legen und noch etwas ziehen lassen.

4 Erdäpfel schälen und in Salzwasser weich kochen, danach halbieren und etwas aushöhlen. Bärlauch, Knoblauch, 2 EL Parmesan und Olivenöl fein zu einem Pesto mixen. Erdäpfel mit dem Pesto füllen, 1 EL Parmesan darüberstreuen und ca. 5 Minuten bei 180 °C im Rohr backen. Ossobuco mit der Sauce und den Bärlaucherdäpfeln anrichten.

Gespickter Rindsbraten mit Erdäpfel-Brandteigkrapfen

Rezept von Alexander Fankhauser

2 STUNDEN / AUFWENDIG

Magere Fleischstücke trocknen bei längerem Braten unweigerlich aus. Um das zu verhindern, muss man sie mit geschmacksneutralem Speck spicken. Wenn Sie z. B. ein durchzogenes Schulterscherzel verwenden, können Sie auf das Spicken verzichten.

ZUTATEN FÜR 4 PERSONEN

80 g weißer Speck
600 g weißes Scherzel
Senf
Öl zum Braten
1/2 Karotte
1/2 gelbe Rübe
1/4 Sellerieknolle
1 Zwiebel
1/2 Stange Lauch
1 EL Tomatenmark
250 ml Rotwein
500 ml Rindsuppe
1 Lorbeerblatt
1 Gewürznelke
8 schwarze Pfefferkörner
Salz, Pfeffer

Für den Erdäpfel-Brandteigkrapfen:

15 g Butter
60 ml Milch
30 g Mehl
1 Eidotter
1 kg speckige Erdäpfel
Muskatnuss
Fett zum Backen
Salz, Pfeffer

1 Den weißen Speck in ca. 5 mm dicke Streifen schneiden und für einige Zeit im Tiefkühler anfrieren. Mit einer Spicknadel das Rindfleisch spicken. Fleisch mit Senf bestreichen, salzen, pfeffern und im heißen Öl von allen Seiten scharf anbraten. Herausnehmen und das grob geschnittene Wurzelwerk im Topf anschwitzen. Tomatenmark einrühren, mit Rotwein und Rindsuppe ablöschen. Gewürze sowie Rindfleisch zugeben und im Rohr bei 180–200 °C in ca. 90 Minuten weich schmoren. Die Sauce passieren, einkochen lassen, mit Salz und Pfeffer nochmals abschmecken.

2 Für die Brandteigkrapfen Butter, Milch und Mehl verrühren und in einem Topf unter ständigem Rühren auf kleiner Hitze abrösten, bis sich der Teig vom Löffel löst. In eine Schüssel geben und den Eidotter dazurühren. Erdäpfel schälen, in Salzwasser weich kochen. Erdäpfel durch eine Presse drücken und mit dem Brandteig vermischen. Mit Salz, Pfeffer und Muskatnuss abschmecken. Krapferln formen und in 180 °C heißem Fett in 3–4 Minuten backen.

TIPP VON ALEX

Durch das Anfrieren des vorbereiteten Spickspecks im Tiefkühler wird er hart und steif. Dann können Sie mit ihm viel besser hantieren, weil er nicht zerfließt und sich viel exakter schneiden lässt. Außerdem reißt er beim Durchziehen durch das Fleisch auch nicht so leicht ab.

Rindsfiletsteak mit Ahornsirup-Hollandaise und Rucola

Rezept von Alexander Fankhauser

25 MINUTEN / AUFWENDIG

Speziell an heißen Sommertagen muss nicht immer eine zusätzliche Sättigungsbeilage serviert werden. Die Hollandaise gibt Fleisch und Salat eine wunderbar cremige Verbindung.

ZUTATEN FÜR 4 PERSONEN

4 Rindsfiletsteaks (à 180 g)
Senf
Öl zum Braten
Salz, Pfeffer

Für die Ahornsirup-Hollandaise:
2 Eidotter
1 Schuss Weißwein
125 ml geklärte Butter
Cayennepfeffer
1 Schuss Ahornsirup
Salz, Pfeffer

Für den Salat:
50 g Cashewnüsse
Olivenöl
Himbeeressig
Zucker
1 Bund Rucola
Salz, Pfeffer

1 Filetsteaks salzen, pfeffern, mit Senf bestreichen und in wenig Öl von beiden Seiten anbraten, dann im Rohr ca. 12 Minuten bei 160 °C rosa braten. Die Filets dabei ab und zu wenden, damit sie im Kern gleichmäßig rosa werden.

2 Für die Hollandaise in einem Schneekessel Eier und Wein über Dampf schaumig schlagen. Geklärte Butter langsam einrühren. Mit Salz, Pfeffer und Cayennepfeffer abschmecken, mit Ahornsirup verfeinern.

3 Für den Salat Cashewnüsse in einer Pfanne ohne Fett goldgelb anrösten, mit Salz und Pfeffer würzen. Olivenöl, Essig, Zucker, Cashewnüsse und geputzten Rucola vermischen.

TIPP VON ALEX

Beim Aufschlagen der Hollandaise unbedingt darauf achten, dass die geklärte Butter gleichmäßig langsam in eine Richtung mit dem Schneebesen eingerührt wird.

Schweinszüngerl in Kapern-Zitronenrahm

Rezept von Andreas Wojta

140 MINUTEN / AUFWENDIG

Ein Gericht, das geschmacklich und konsistenzmäßig einem Beuschel sehr ähnelt. Der Unterschied liegt in der wesentlich weniger aufwendigen Herstellung, da das Vorbereiten der Lunge doch viel Arbeit bereitet.

ZUTATEN FÜR 4 PERSONEN

6 Schweinszungen
3 Karotten
Suppenpulver
1 Spritzer Essig

Für den Kapern-Zitronenrahm:

1 Zwiebel
2 Knoblauchzehen
Öl zum Braten
1 EL Senf
1 EL gehackte Kapernbeeren
2 EL fein gehackte Essiggurkerl
1 Zitrone
2 EL Mehl
125 ml Obers
Salz, Pfeffer

1 In einem geräumigen Topf Wasser aufkochen, Schweinszungen mit Karotten, etwas Suppenpulver und einem Spritzer Essig in ca. 2 Stunden weich kochen. Zungen aus dem Kochfond heben, abkühlen lassen, schälen und fein schneiden. Karotten ebenfalls schälen und klein schneiden.

2 Für den Kapern-Zitronenrahm Zwiebel und Knoblauch schälen, klein schneiden. In einer geräumigen Pfanne Öl erhitzen, Zwiebel und Knoblauch darin goldbraun anrösten. Senf, Kapernbeeren, Essiggurkerl, Schale und Saft von der Zitrone sowie Mehl zufügen. Kurz durchrühren und mit etwas Kochfond aufgießen. Einmal aufkochen lassen, geschnittene Zungen, Karotten und Obers beimengen. Nochmals kurz aufkochen lassen, mit Salz und Pfeffer abschmecken. Am besten mit frischem Gebäck oder kleinen Semmelknödeln servieren.

TIPP VON ANDI

Ganz wichtig fürs Gelingen: Die Zungen nach dem Kochen komplett auskühlen lassen, weil sie sich sonst nicht dünn aufschneiden lassen.

TIPP VON ALEX

Durch die Brösel-Mehl-Mischung auf der Saiblingshaut wird diese beim Braten besonders schön knusprig. Die dünnen Saiblingsfilets sollten nur auf der Hautseite gebraten werden. Sobald man sieht, dass das Eiweiß an der Oberfläche zu stocken beginnt, ist der richtige Garpunkt erreicht. Vor dem Servieren auf einem warmen Teller kurz rasten lassen.

Gebratenes Saiblingsfilet auf Rot-Weiß-Rot mit Gurkengemüse

Rezept von Alexander Fankhauser

35 MINUTEN / AUFWENDIG

Nudelteig kann beliebig eingefärbt werden, wodurch interessante optische wie geschmackliche Effekte erreicht werden. Verrühren Sie die Eier mit Tomatenmark für rote Pasta, passierten Spinat für grüne oder Sepiatinte für schwarze Farbe.

ZUTATEN FÜR 4 PERSONEN

4 Saiblingsfilets
Senf
Brösel zum Bestreuen
Mehl zum Bestreuen
Öl zum Braten
Butter zum Schwenken
Salz, Pfeffer

Für den Nudelteig:
2 EL Tomatenmark
4–5 Eidotter
125 g Mehl
1 Schuss Olivenöl

Für das Gurkengemüse:
1 Salatgurke
Butter
1 Schuss Weißwein
Dille
Salz, Pfeffer

Für die Sauce
125 ml Prosecco
125 ml Kalbsfond
250 ml Obers
Salz, Pfeffer

1 Für den Nudelteig das Tomatenmark mit den Eidottern verrühren. Mit Mehl und Olivenöl verrühren und einen roten Nudelteig herstellen. Rasten lassen, danach durch die Nudelmaschine ausrollen. Teig in vier rechteckige Stücke schneiden und in Salzwasser kochen. Vor dem Anrichten in etwas Butter schwenken.

2 Die Fische mit Salz und Pfeffer würzen und mit Senf bestreichen. Zuerst mit Bröseln, dann mit Mehl bestreuen und in Fett knusprig braten.

3 Für das Gurkengemüse die Salatgurke der Länge nach halbieren, Kerne entfernen. Mit einem Messer tournieren (also gefällig zuschneiden) und in Salzwasser bissfest kochen. Butter in einem Topf aufschäumen und Gurkenstücke beigeben. Mit etwas Weißwein und Wasser ablöschen. Mit Salz, Pfeffer und frisch geschnittener Dille abschmecken.

4 Für die Sauce Prosecco stark einkochen lassen. Kalbsfond zugeben und wiederum einkochen. Mit Obers aufgießen, kurz aufkochen lassen und gut abschmecken.

5 Jeweils ein Nudelblatt in die Tellermitte legen. Exakt durch die Mitte des Blattes die aufgeschäumte Sauce ziehen, sodass eine Rot-Weiß-Rot-Optik entsteht. Links und rechts den Fisch mit dem Gurkengemüse anrichten.

Steinbutt im Brotteig auf Karotten-Ingwer-Püree mit Erbsen

Rezept von Alexander Fankhauser

30 MINUTEN / AUFWENDIG

Die Brotkruste hält den Fisch besonders schön saftig und verleiht ihm ein zusätzliches knuspriges Element. In dieser Kruste könnte man auch Kalb oder Reh (selbstverständlich mit der passenden Farce) zubereiten.

TIPP VON ALEX

Man kann Steinbutt mittlerweile in Aquakulturen züchten, sodass er nicht nur gelegentlich als Glücksfall auf der Tageskarte erscheint, sondern jeden Tag serviert werden kann. Am besten schmecken aber wild gefangene Exemplare mit einer Größe von über 3 Kilogramm. Allerdings sind diese auch entsprechend teurer.

ZUTATEN FÜR 4 PERSONEN

500 g Steinbuttfilet
100 g Fischfarce
4 Scheiben Toastbrot
Öl zum Braten
100 g Erbsen
Butter zum Glacieren
Zucker
Salz, Pfeffer

Für die Fischfarce:

160 g Fischfilet (Steinbutt-, Zander-, Hechtfilet)
50 g Obers
1 Eiklar
Tabasco
Pernod

Für das Püree:

4 Karotten
40 g Butter
30 g Ingwer

1 Für die Fischfarce Fischfilet im gut gekühlten Einsatz einer Küchenmaschine mixen. Kaltes Obers und Eiklar langsam zugeben und mixen. Anschließend mit Tabasco, Pernod, Salz sowie Pfeffer gut abschmecken und kalt stellen.

2 Den Steinbutt in vier gleich große Stücke schneiden, mit Salz und Pfeffer würzen, rundum mit Fischfarce bestreichen. Fisch mit dem Toastbrot umhüllen. In einer Pfanne Öl erhitzen und den Fisch darin rundherum anbraten. Im Rohr bei 200 °C 3–4 Minuten garen.

3 Für das Püree die Karotten in Salzwasser weich dünsten. In der Küchenmaschine mit kalter Butter mixen, mit Salz, Pfeffer und frischem Ingwer abschmecken.

4 Die Erbsen blanchieren, mit etwas Butter und Zucker glacieren. Steinbutt im Brotteig auf dem Karotten-Ingwer-Püree mit den Erbsen dekorativ anrichten.

Spareribs mit Rosmarinerdäpfeln

Rezept von Andreas Wojta

2 STUNDEN / LEICHT

Diese Zubereitungsart für Spareribs funktioniert nur im Rohr und nicht am Grill. Der Vorteil dieser vergleichsweise sanften Garmethode: Die Oberfläche der Rippchen kann nicht über die Maßen anbraten.

ZUTATEN FÜR 4 PERSONEN

4 Zwiebeln
6 Knoblauchzehen
Öl zum Braten
2 Kaffeetassen Ketchup
1/2 Kaffeetasse brauner Zucker
1/2 Kaffeetasse Worcestersauce
1/2 Kaffeetasse Tafelessig
1 EL Chilipulver
4 mittelgroße Spareribs
Salz, Pfeffer

Für die Rosmarinerdäpfel:
8 mittelgroße Erdäpfel
3 EL Semmelbrösel
Öl zum Braten
1 kleiner Bund Rosmarin

1 Zwiebel und Knoblauch schälen und fein schneiden und in Öl dunkelbraun anrösten. Ketchup, Zucker, Worcestersauce, Essig und Chili beifügen und bei mäßiger Hitze 10 Minuten köcheln lassen. Danach beiseitestellen und abkühlen lassen.

2 Spareribs mit Salz und Pfeffer würzen und im vorgeheizten Rohr bei 180 °C je nach Größe und Dicke 30–40 Minuten braten. Spareribs aus dem Rohr nehmen, beidseitig reichlich mit der Marinade bestreichen und für weitere 45 Minuten bei 160 °C im Rohr fertig braten.

3 Erdäpfel waschen, in Wasser weich kochen, danach schälen und etwas abkühlen lassen. Geviertelte Erdäpfel mit Semmelbröseln bestreuen. Öl in einer Pfanne erhitzen und die Erdäpfel darin knusprig braten. Zum Schluss mit nicht zu fein gehacktem Rosmarin bestreuen.

TIPP VON ANDI

Durch das Wälzen der Erdäpfel in Semmelbröseln gelingen knusprige Bratkartoffeln garantiert. Rosmarin erst ganz zum Schluss zugeben, das erhält das Aroma am besten.

Scheuen Sie sich nicht davor, Schweinsfilet auch einmal rosa zu braten. Das Ergebnis ist besonders saftig und geschmackvoll. Versierte Köche können bei diesem Rezept auch die Niedergarmethode anwenden.

ZUTATEN FÜR 4 PERSONEN

200 g Vogerlsalat
1 Knoblauchzehe
10 g Butter
1 Karotte
Saft von 1 Zitrone
Zucker
125 ml Kernöl
500 g Schweinsfilet
süßer Senf
Öl zum Braten
Salz, Pfeffer

1 Vogerlsalat sorgfältig waschen. Knoblauch hacken. Butter aufschäumen lassen, Knoblauch dazugeben und die Karotten darin weich kochen, anschließend mit einer Erdäpfelpresse in eine Kasserolle pressen. Mit Zitronensaft, Salz, Pfeffer, Zucker abschmecken, mit Kernöl verrühren (montieren).

2 Das Schweinsfilet zuputzen, mit Salz, Pfeffer und Senf würzen. Das Schweinsfilet rundum scharf anbraten und im auf 180 °C vorgeheizten Rohr in ca. 10 Minuten rosa braten.

3 Den Vogerlsalat mit der Karottenmarinade marinieren und mittig auf Tellern anrichten. Das Schweinsfilet portionieren und auf den Salat legen.

TIPP VON ALEX

Empfindliche Blattsalate wie Rucola oder Vogerlsalat vor dem Servieren kurz in Eiswasser legen. Der Salat wird dadurch besonders knackig. Selbstverständlich muss der Salat dann vor dem Marinieren sorgfältig trocken geschleudert werden.

Marinierter Vogerlsalat
mit lauwarmer Karottenmarinade und rosa gebratenem Schweinsfilet

Rezept von Alexander Fankhauser

25 MINUTEN / LEICHT

TIPP VON ANDI

Statt das fertig gekochte Fleisch zum Schutz vor Übergarung bzw. Austrocknung in Folie zu wickeln, können Sie das gute Stück auch kurz in Eiswasser legen.

Tafelspitz mit Dillfisolen

Rezept von Andreas Wojta

CA. 3 STUNDEN / AUFWENDIG

Den Tafelspitz bitte immer in kochendes Wasser einlegen. So bleibt der Geschmack im Fleisch und geht nicht in die Suppe. Natürlich können Sie auch andere Teilstücke wie Beinfleisch oder Schulterscherzel auf diese Weise zubereiten.

ZUTATEN FÜR 4 PERSONEN

1 Tafelspitz (ca. 2 kg)
1 Bund Suppengrün
1 kleiner Bund Liebstöckel
Suppenpulver

Für die Dillfisolen:

500 g grüne Fisolen
1 kleine Zwiebel
2 Erdäpfel (gekocht)
3 EL Butter
1 EL Mehl
Rindsuppe zum Aufgießen
250 ml Obers
1 Spritzer Essig
1 TL Zucker
Suppenpulver
1 kleiner Bund Dille
Salz

1 Wasser aufkochen und den Tafelspitz einlegen. Den aufsteigenden Schaum abschöpfen, Tafelspitz 1 Stunde zart wallend köcheln. Erst dann Suppengrün, Liebstöckel und Suppenpulver beigeben. Tafelspitz in weiteren 60–90 Minuten weich kochen. Tafelspitz aus der Suppe heben, in Frischhaltefolie wickeln und für etwa 20 Minuten rasten lassen.

2 Für die Dillfisolen Fisolen putzen, schneiden und in Salzwasser bissfest kochen, in kaltem Wasser abschrecken. Zwiebel und Erdäpfel schälen und klein schneiden. Butter in einem Topf aufschäumen lassen, Zwiebel darin glasig anrösten, mit Mehl stauben und mit Rindsuppe aufgießen. Kurz aufkochen lassen, Fisolen, Erdäpfel und Obers zufügen. Mit einem Spritzer Essig, Zucker, Salz und Suppenpulver abschmecken, mit frisch gehackter Dille bestreuen.

3 Fleisch aus der Folie nehmen, gegen die Faser in fingerdicke Scheiben schneiden und mit geschnittenem Suppengrün in der Suppe anrichten. Mit Dillfisolen servieren.

Wiener Schnitzel

Rezept von Andreas Wojta

45 MINUTEN / AUFWENDIG

Worauf es beim echten Wiener Schnitzel wirklich ankommt: „Echt“ ist es nur mit Kalbfleisch zubereitet. Schweinsschnitzel mag auch gut schmecken, aber das ist eben kein echtes Wiener Schnitzel. Übrigens: Spontan nennen 11% der Österreicher das Wiener Schnitzel als ihr Lieblingsgericht. Das ergab zumindest eine kürzlich durchgeführte Umfrage.

ZUTATEN FÜR 4 PERSONEN

4 Kalbsschnitzel à 200 g (aus der Schale des Kalbsschlegels)
Mehl, Ei und Semmelbrösel zum Panieren
Schweineschmalz oder Öl
Salz

Für den Salat:

1 rote Zwiebel
500 g Kipfler (oder andere festkochende Erdäpfel)
Öl
Tafelessig
Zucker
1 Bund Schnittlauch
Salz, Pfeffer

1 Für den Salat Zwiebel schälen, klein schneiden. Erdäpfel waschen, mit Salzwasser zustellen, weich kochen (dauert je nach Größe der Erdäpfel ca. 30 Minuten). Noch warm schälen, in Scheiben schneiden. Mit einer Marinade aus Wasser (ca. 100 ml), Öl, Tafelessig, Zucker, Salz, Pfeffer und Zwiebel vermischen und würzig abschmecken. In Wien isst man den Salat leicht süßlich. Vor dem Servieren mit geschnittenem Schnittlauch bestreuen.

2 Schnitzel dünn klopfen und mit Salz würzen. In Mehl wenden, gut abschütteln, durch verquirltes Ei ziehen. Anschließend in Semmelbröseln wenden, in reichlich heißem Schweineschmalz oder Öl goldgelb backen. Die Schnitzel müssen im Fett schwimmen. Pfanne immer ein wenig rütteln, damit Fett und Schnitzel in Bewegung bleiben. Durch dieses Soufflieren hebt sich die Panier am besten ab und das Schnitzel erhält die gewünschte wellige Form. Wichtig: Beim Wenden nicht in das Fleisch stechen!

3 Schnitzel nach dem Backen gründlich mit Küchenpapier abtupfen und auf vorgewärmten Tellern mit dem Erdäpfelsalat servieren.

TIPP VON ANDI

Schnitzel niemals mit einem zackigen Gegenstand und auf gar keinen Fall mit den früher üblichen Schnitzelklopfern bearbeiten. Das zerstört nur die Fleischfaser, Resultat ist ein trockenes Fleisch. Optimal zum Klopfen sind flache Plattiereisen oder auch der Boden einer kleinen schweren Pfanne. Wenn man das Schnitzel zwischen Frischhaltefolie legt, bleibt der Saft im Fleisch und geht nichts ins Brett.

Nicht jeder Fisch verträgt kräftige Würzung. Zander schon. Die Ummantelung mit Speck gibt Aroma und schützt das Filet beim Braten zugleich vor dem Austrocknen.

TIPP VON ALEX

Salzen Sie das Fischfilet anfangs eher verhalten, weil ja auch der Speck Salz enthält. Die Fischfilets selbst sollten einheitlich dick sein, weil sonst die Garung unmöglich gleichmäßig erfolgen kann.

Zander im Speck-Salbei-Mantel auf Rahmsellerie und rosa Pfeffer

Rezept von Alexander Fankhauser

25 MINUTEN / LEICHT

ZUTATEN FÜR 4 PERSONEN

3 Stangensellerie (ca. 150 g)
1 kleine Zwiebel
100 g Butter
125 ml Weißwein
250 ml Rindsuppe
250 ml Obers
4 Zanderfilets (à 180 g)
8 Salbeiblätter
8 Scheiben Speck
Senf
rosa Pfeffer
Salz, Pfeffer

1 Den Stangensellerie schälen, eventuell vorhandene Fäden abziehen. Stangensellerie in Scheiben schneiden, in Wasser weich kochen, danach abseihen.

2 Zwiebel schälen, schneiden und in etwas Butter anschwitzen, mit Weißwein ablöschen und reduzierend einkochen. Mit Suppe aufgießen, abermals etwas einkochen lassen. Mit Obers auffüllen und wieder einkochen lassen.

3 Zander salzen und pfeffern. Auf jede Seite ein Salbeiblatt legen, jedes Fischfilet mit zwei Scheiben Speck umwickeln. Die Filets in brauner Butter (und eventuell Öl) braten.

4 Den Sellerie in die Sauce legen, mit Salz, Pfeffer und rosa Pfeffer abschmecken. Rahmsellerie mittig auf Tellern anrichten und den Zander darauf platzieren.

NACHSPEISEN

TIPP VON ANDI

Achten Sie darauf, dass der Plunderteig während der gesamten Verarbeitungszeit auch wirklich immer kühl ist. Andernfalls ist er durch seine gummiartige Konsistenz nur sehr schwer zu bearbeiten.

Gebratene Feigen
mit Orangen und Marzipan
Rezept von Andreas Wojta

20 MINUTEN / AUFWENDIG

Die Kombination aus süßlichem Marzipan, fruchtigen Feigen und säuerlichen Orangen ist unerreichbar gut. Wer mag, kann auch noch etwas geröstete Mandelsplitter beigeben.

ZUTATEN FÜR 4 PERSONEN

8 Feigen
etwas Staubzucker
1 EL Butter
etwas Amaretto
1 Orange
250 ml Milch
100 g Marzipan
250 ml Obers

1 Feigen von den Strunkansätzen befreien, die Schale mit einer Nadel oder einer Gabel rundum einstechen. Feigen halbieren und die Schnittflächen mit etwas Staubzucker bestreuen. Butter in einer Pfanne aufschäumen lassen und die Feigen mit der Schnittfläche nach unten anbraten. Umdrehen, mit etwas Amaretto untergießen und etwa 5 Minuten im auf 175 °C vorgeheizten Rohr garen.

2 Orange schälen und aus der Frucht schöne Filets schneiden. Milch in einem großen Topf erhitzen, Marzipan zufügen und aufkochen lassen. Danach abkühlen lassen. Obers schlagen und unterheben.

3 Auf großen Tellern Orangenfilets verteilen, diese mit dem Marzipanschaum übergießen. Die gebratenen Feigen aus dem Rohr nehmen, auf dem Teller anrichten und servieren.

TIPP VON ANDI

Kaufen Sie weiche Früchte, die bei vorsichtigem Druck nachgeben, aber dennoch die Form behalten. Feigen sollten leicht und delikat duften. Wenn sie sauer riechen, sind sie überreif und schmecken auch sauer. Reife Feigen sollten höchstens zwei bis drei Tage im Kühlschrank aufbewahrt werden. Unreife Früchte können ein bis zwei Tage bei Zimmertemperatur nachreifen.

Erdbeer-Schichtstrudel
mit Vanille

REZEPT SIEHE NÄCHSTE SEITE

Erdbeer-Schichtstrudel mit Vanille

Rezept von Andreas Wojta

20 MINUTEN / LEICHT

Ein sehr schnell gemachtes Dessert, das aber exakte Zubereitung erfordert. Die Strudelteigblätter dürfen wirklich nur kurz im Rohr knusprig gebacken werden, weil sie sonst bitter werden können.

TIPP VON ANDI

Je nach Saison kann man die Erdbeeren auch durch andere Beeren ersetzen. Als sommerliche Variante kann man auch Zitronenschale und Minze zur Vanillemasse geben.

ZUTATEN FÜR 4 PERSONEN

1 Pkg. Strudelteig
250 g fertiger Vanillepudding
1 EL Rum
50 g Zucker
125 ml Obers
1 Tasse Erdbeeren
Staubzucker zum Bestreuen

1 Aus dem Strudelteig Kreise mit 8 cm Durchmesser ausstechen und diese im vorgeheizten Backrohr bei 200 °C in ca. 10 Minuten goldgelb backen.

2 Vanillepudding glatt rühren, Rum und Zucker unterrühren. Obers schlagen und unterheben. Erdbeeren in Scheiben schneiden.

3 Abwechselnd drei Strudelteigblätter mit Creme und Erdbeeren befüllen, sodass ein Schichtturm entsteht. Mit Staubzucker bestreut servieren.

Wiener Polsterzipf

Rezept von Andreas Wojta

1 STUNDE / AUFWENDIG

Auch wenn diese traditionelle Wiener Mehlspeise so heißt, bei dieser süßen Köstlichkeit denkt garantiert keiner ans Schlafengehen.

ZUTATEN FÜR 4 PERSONEN
300 g Butter
350 g Mehl
1 EL Rum
1 Prise Salz
1 Eidotter
Ribiselmarmelade
1 Ei
Staubzucker zum Bestreuen
Zimt zum Bestreuen

1 Butter, Mehl, Rum, Salz, Dotter und 125 ml Wasser zu einem Teig verkneten und rasten lassen. Messerdick ausrollen und in 10 x 10 cm große Quadrate schneiden.

2 In die Mitte des Teiges etwas Ribiselmarmelade geben, die Ränder mit einem verquirlten Ei bestreichen und diagonal zusammenklappen. Polsterzipf mit Ei bestreichen, 30 Minuten rasten lassen. Im auf 180 °C vorgeheizten Backrohr in ca. 20 Minuten goldbraun backen. Herausnehmen, kurz abkühlen lassen. Auf einem Teller anrichten, mit Staubzucker und Zimt bestreuen.

TIPP VON ANDI
Klassisch wird der Polsterzipf mit Ribiselmarmelade gefüllt. Ich mag auch Nougat oder Marzipan als Fülle. Der Teig eignet sich übrigens auch zum Umhüllen und Ausbacken von ganzen Fruchtstücken.

Geeistes Kaffee-Grießkoch mit Weichseln

Rezept von Andreas Wojta

25 MINUTEN (OHNE KÜHLZEIT) / LEICHT

Dieses Dessert lässt sich für eine mehrgängige Menüfolge sehr bequem vorbereiten. Eine sehr originelle Form des Servierens: Bringen Sie das Kaffee-Grießkoch in hübschen Kaffeeschalen zu Tisch.

ZUTATEN FÜR 4 PERSONEN

40 g Zucker
20 g Vanillezucker
1 Msp. Zimt
1 Prise Salz
250 ml Milch
40 g Grieß
1 große Tasse Mokka
2 Blatt Gelatine
geriebene Schale von
1 Zitrone
1 EL Rum
250 ml Obers
Butter für die Formen

Für die Weichseln:

250 g Weichselkompott
2 Gewürznelken
1/2 Zimtstange
1 TL Vanillezucker
1 Msp. Stärkemehl

1 Zucker, Vanillezucker, Zimt, Salz mit Milch in einen Topf geben und aufkochen lassen. Den Grieß mit Hilfe eines Schneebesens einrühren und auf kleiner Hitze etwa 2 Minuten köcheln lassen. Kaffee zugießen. Grießmasse beiseitestellen und etwas abkühlen lassen.

2 Gelatine in wenig kaltem Wasser einweichen, ausdrücken und unter die noch warme Grießmasse rühren. Zitronenschale und Rum zufügen. Das Obers halb steif schlagen und vorsichtig unterheben, damit die Masse schön locker wird.

3 Grießmasse in Formen einfüllen und zugedeckt im Kühlschrank in 60–90 Minuten fest werden lassen.

4 Für die Weichseln das Kompott abseihen, Saft auffangen. Weichselsaft mit Nelken, Zimtstange und Vanillezucker aufkochen. Stärkemehl mit 1 EL kaltem Wasser vermengen und Weichselsaft damit binden. Kurz aufkochen lassen, Weichseln zufügen und durchziehen lassen.

5 Vor dem Servieren das geeiste Kaffee-Grießkoch auf Teller stürzen und mit den Weichseln dekorieren.

TIPP VON ANDI

Achten Sie auf die wirklich sparsame Dosierung des Zimts, der in größerer Menge unangenehm bitter schmecken kann. Um ganz sicher zu gehen, dass die Gelatine auch wirklich keine Klumpen bildet, entnehmen Sie einen Teil der Grießmasse, rühren in diese die aufgelöste Gelatine ein und geben diese Mischung dann wieder in die verbliebene Grießmasse.

Himbeer-Tiramisu

Rezept von Alexander Fankhauser

20 MINUTEN (OHNE KÜHLZEIT) / LEICHT

Die klassische italienische Rezeptur, um fruchtige Himbeeren effektvoll erweitert. Wörtlich übersetzt bedeutet Tiramisu übrigens „Richte mich auf", „Zieh mich hoch" – was man jetzt natürlich sehr verschieden interpretieren kann.

ZUTATEN FÜR 8 PORTIONEN

1 Ei
110 g Zucker
2 Blatt Gelatine
4 cl Rum
125 g Mascarpone
30 g Himbeermark
250 ml Obers
1 Tasse Kaffee
Biskotten

1 Ei mit 80 g Zucker über Wasserdampf schaumig schlagen und anschließend auf Eiswürfel wieder kalt schlagen. Gelatine in kaltem Wasser einlegen. 1 cl Rum kurz aufkochen lassen und vom Herd nehmen, die ausgedrückte Gelatine zugeben und unter ständigem Rühren auflösen. Mascarpone, Himbeermark und die flüssige Rum-Gelatine glatt verrühren und unter die Eimasse heben. Zum Schluss Obers schlagen und untermischen.

2 Kaffee mit den übrigen 3 cl Rum und 30 g Zucker mischen, die Biskotten damit befeuchten. In eine Schüssel dünn eine Schicht Creme streichen und darüber eine Schicht Biskotten legen, diesen Vorgang so oft wiederholen, bis die letzte Schicht Creme aufgetragen ist. Am besten schmeckt das Tiramisu, wenn man es mindestens einen Tag im Kühlschrank durchziehen lässt.

TIPP VON ALEX

Das klassische Rezept verlangt nach Amaretto. In Italien wird aber über den verwendeten Alkohol (geht natürlich auch ohne) diskutiert, der je nach Region auch Kaffeelikör, Marsala, Rum oder Weinbrand sein kann.

Reisschmarren mit Topfen und Himbeeren

Rezept von Andreas Wojta

40 MINUTEN / AUFWENDIG

Im Grunde ein in der Pfanne zubereitetes Soufflé. Wenn Sie also wollen, können Sie die Masse für festliche Anlässe auch in Portionsformen im Wasserbad im Rohr garen

ZUTATEN FÜR 4 PERSONEN

300 ml Milch
5 EL Kristallzucker
1/2 Zimtstange
150 g Rundkornreis
4 EL Rosinen (in Rum eingeweicht)
800 g Magertopfen (gepresst)
5 Eier
400 ml Sauerrahm
2 EL Stärkemehl
geriebene Schale von 1 Zitrone
2 TL Vanillezucker
1 Prise Salz
4 EL Butter
Staubzucker zum Bestreuen
2 Tassen Himbeeren

1 Milch mit 4 EL Zucker und Zimt aufkochen und zum Reis geben; auf kleiner Hitze weich dünsten. Die Zimtstange aus dem Milchreis entfernen und die eingeweichten Rumrosinen zufügen.

2 Topfen in kleine Würfel zerteilen. Eier trennen und Dotter mit dem Topfen sowie Zitronenschale, Sauerrahm, Stärkemehl und Vanillezucker verrühren. Eiklar mit einer Prise Salz sowie 1 EL Zucker zu steifem Schnee schlagen und unter die Reis-Topfen-Masse geben.

3 In zwei flachen hitzefesten Formen jeweils 2 EL Butter aufschäumen lassen und die Reis-Topfen-Masse auf die Pfannen verteilen. Kurz anbacken lassen und im vorgeheizten Backrohr bei 200 °C auf jeder Seite ca. 10 Minuten backen.

4 Fertigen Schmarren mit zwei Gabeln in mundgerechte Stücke zupfen, mit Zucker bestreuen und mit frischen Himbeeren servieren.

TIPP VON ANDI

Backen Sie den Schmarren nach Möglichkeit in mehreren kleinen Pfannen, weil so der Teig wesentlich besser souffliert und auch schneller bäckt. Sollten Sie nicht genügend Pfannen haben, dann besser nach und nach in kleinen Portionsgrößen arbeiten.

Mohnschnitte
mit Preiselbeeren und Vanilleobers

Rezept von Andreas Wojta

75 MINUTEN / AUFWENDIG

Mohnschnitten sind wie Gulasch: Sie werden mit jedem Tag besser. Die Schokoglasur fungiert in diesem Fall zusätzlich als Flüssigkeitsbewahrer.

ZUTATEN FÜR 4 PERSONEN

280 g Butter
80 g Staubzucker
Vanillezucker
1 Schuss Rum
10 Eier
200 g Kristallzucker
1 Prise Salz
300 g Mohn
280 g Walnüsse
reichlich Preiselbeermarmelade

Für die Glasur:

150 g Butter
200 g Kochschokolade

Für das Vanilleobers:

125 ml Obers
1 TL Vanillezucker
1 Msp. Zimt

1 Butter, Staubzucker, Vanillezucker und Rum cremig rühren. Eier trennen und die Dotter nach und nach zugeben und weiter rühren. Eiklar mit dem Kristallzucker und einer Prise Salz zu einem festen, aber noch cremigen Schnee schlagen. Mohn und Walnüsse miteinander vermengen und Dottermasse sowie den Eischnee vorsichtig unterheben.

2 Auf ein mit Backpapier ausgelegtes Backblech auftragen und im vorgeheizten Backrohr bei 150 °C 50 Minuten backen. Nach dem Backen kurz abkühlen lassen und vorsichtig auf ein vorbereitetes Backpapier stürzen. Mit reichlich Preiselbeermarmelade bestreichen, halbieren und die zwei Teile zusammensetzen.

3 Für die Glasur Butter und Schokolade schmelzen, die Mohnschnitte damit glasieren und kalt stellen.

4 Für das Vanilleobers Obers mit Vanillezucker und Zimt vermengen, nicht zu steif aufschlagen und mit der Mohnschnitte servieren.

TIPP VON ANDI

Verwenden Sie nach Möglichkeit gestoßenen und nicht geriebenen Mohn, weil dieser wesentlich saftiger ist. Statt des Vanilleobers können Sie natürlich auch fertiges Vanilleeis verwenden.

Topfensoufflé mit Beerenröster

Rezept von Alexander Fankhauser

25 MINUTEN / AUFWENDIG

Wichtig ist, dass man Soufflés sofort serviert, weil sie sonst in sich zusammenfallen können. Darum auch besonders am Anfang der Garung nicht das Backrohr öffnen! Die plötzliche thermische Veränderung könnte das gerade aufgehende Soufflé wieder zusammenbrechen lassen.

ZUTATEN FÜR 4 PERSONEN

150 g Topfen (20% Fett)
36 g Eidotter
75 g Sauerrahm
20 g Maisstärkemehl
Rum
Zitronensaft
Mark von 1 Vanilleschote
1 Prise Salz
60 g Eiklar
25 g Zucker
Butter und Zucker
für die Formen

Für den Beerenröster:

40 ml Rotwein
40 ml Portwein
20 g Zucker
Rum
Zitronensaft
Zimt
1 Beutel Apfel-Zimt-Tee
(oder Schwarztee)
1 TL Maisstärkemehl
1 Tasse Beeren

1 Topfen, Dotter, Sauerrahm, Maisstärkemehl und die Gewürze zu einer glatten Masse verrühren. Eiklar mit dem Zucker zu Schnee schlagen und unter die Masse heben.

2 Formen mit Butter ausstreichen und zuckern, dann die Masse drei Viertel voll in die Formen füllen. Das Rohr auf 160 °C vorheizen und ein Wasserbad vorbereiten. Die Formen in dieses Wasserbad stellen und 12–15 Minuten garen.

3 Für den Beerenröster Rotwein, Portwein, Zucker, 20 ml Wasser und Gewürze in einem Topf gemeinsam aufkochen lassen, den Teebeutel für 3 Minuten mitkochen lassen. 2 TL Wasser mit Maisstärkemehl verrühren und die Flüssigkeit damit binden. 5 Minuten kochen lassen, zum Schluss über die Beeren gießen. Zu den Topfensoufflés servieren.

TIPP VON ALEX

Vor dem Einfüllen der Masse die Formen unbedingt mit Butter ausschmieren und mit Zucker bestreuen, weil man sonst später das gegarte Soufflé unmöglich aus der Form stürzen kann. Falls Ihnen das Stürzen zu risikoreich erscheinen sollte, servieren Sie das Soufflé einfach in der Form.

REGISTER

Ein A la Carte-Kochbuch im D+R Verlag

Copyright © 2008 by D+R Verlagsgesellschaft m.b.H. Nfg. KG
Alle Rechte, auch die des auszugsweisen Abdrucks
oder der Reproduktion einer Abbildung, sind vorbehalten.
Das Werk einschließlich aller seiner Teile ist urheberrechtlich geschützt.
Jede Verwertung ist ohne Zustimmung des Verlages unzulässig.
Dies gilt insbesondere für Vervielfältigungen, Übersetzungen,
Mikroverfilmung und die Einspeicherung und Verarbeitung in
elektronischen Systemen.

Redaktion und Konzept Christian Grünwald
Fotos Rudolf Klingohr | Interspot Film
Grafik Bernhard Rothkappel

Prepress, Bildbearbeitung Martin Painhart
Lektorat Martin Grill, Charlotte Richter
Produktion Martina Moser

Reproduktion Repromedia, 1110 Wien
Druck Ueberreuter Print, 2100 Korneuburg, printed in Austria
Hersteller D+R Verlag, Leberstraße 122
1110 Wien, Telefon: +43/1/740 77-0
www.alacarte.at, www.dundr.at

1. Auflage 2008
2. unveränderte Auflage 2009

ISBN 978-3-902469-15-1

EDITION A LA CARTE

€ 4,-